決定你人生高度的，
不是你的才能，而是你的態度

態度決定高度

林蒼井〔著〕

前言

如果你正處在人生低谷的轉折點，那麼你的機會來了，因為你需要的是「改變」，「改變」絕對會讓你產生不可思議的效果……

一般來說，人在低谷時，總是一副垂頭喪氣、搖搖欲墜的孬相，其實這樣的德性才會真正讓你陷入險境─你想，你會對一個毫無希望的人伸出援手嗎？

因此，人在落魄江湖時，首要的就是要做好精神武裝，抵抗人生的逆旅，再則必須正向思考，重新展望抱負。所以，你要擺脫自己陰暗的個性，走到陽光下，讓你的自信發亮，讓你周遭的人為之側目，樂意對你伸出援手，幫你度過難關，重拾美好。

應用心理學之父威廉・詹姆斯曾說──

「欣然接受已發生的事，正是踏出克服不幸的第一步」」

國學大師林語堂在《生活的藝術》中也說──

「即使是最壞的事物也要照單全收，這便是獲致內心平和的祕訣。」

憂慮是人類的通病，但憂慮對我們的人生——很抱歉，一點也沒有幫助！同時憂慮只是一條讓我們走向黑暗之谷的捷徑。它會讓我們變得脆弱，也會讓我們百病叢生、得不償失……

事實上，想改變不必選在一個新的年度、新的月份或信誓旦旦——從下個星期一開始！如果你對自己的生活現狀不滿意，那麼從這一刻起，你就可以馬上做些改變與調整，都說態度改變一切，所以只要態度改變了，你的人生就會變得不一樣了……

對健康的態度變了，你就會開始關心健康方面的資訊，並且會從你做得到的部分去改變，而朝著健康的目標去前進！任何事物都一樣，只要態度改變了，你的心就會朝著你希望的方向走去，而且毫不勉強的，會讓自己趨於想像中的目標之中。

我們強調「態度改變一切」，目的就是一個人處於現狀，如果他對自己沒有一份認知（認識自己），那麼他是不可能改變些什麼，更甭說得到他心中想要的那種生活。因為「天下沒有白吃的午餐」，這種人只適合生活在「自艾自嘆」的日子裡……

與其這部作品是要告訴你怎樣停止憂慮、敲開成功的大門，不如說它是傳達給你一個訊息，即心態才是一切，積極的心態就是一種偉大的力量，它會改變你的世界，讓你往你想要的境界走去！

前言／005

第1章

再一次確認你的健康！／013

第2章 你是否真的了解自己的性格？／035

第3章 停止憂慮，重新出發／061

第4章 工作是人生最美好的事！／137

第5章 人際關係比賺錢更重要／165

第6章 好的環境不如好的心境／203

第7章 路是自己走出來的！／231

第 I 章

再一次確認你的健康！

一個圓滿的人生，應該包括婚姻美滿、個人成就與良好的人際關係。

所謂「幸福的人生」，其實就是一種感覺，一種在健康的情況下，心態上的富足。

沒有健康，一切都會流於空談！

1．健康才是一切！

距今約二千五百年前，古希臘流行過一首《數數歌》：

第一好是——健康。

第二好是——才幹。

第三好是——正當的財富。

身體的健康第一，其次才是聰明才智，再來是正當的財富。這首希臘《數數歌》表達的含義正是人生的健康指標。

健康是無價的，生病的人必定了解「健康才是最大的幸福」，但一般人可能會覺得健康好像是理所當然的，會讓人忘卻健康的可貴及感謝的心，反而把重點擺在財富上面，這是人間的實態。

只有到患病時，才感覺到健康的可貴，才了解健康的無價；而不知病痛的人，則不知健康無價之寶，青年人忙著學習、中年人在工作方面埋頭苦幹，往往忘了健康的可貴，還有很多人甚至連自己逐漸老化都渾然不覺。

有人曾形象地比喻說，健康是頂天立地的「1」而事業、愛情、友誼、金錢、房子等都是「0」它們共同組成了你宏大的成功——「1000……」但當你失去健康，你頂天立地的「1」倒下了，你身後的那幾個「0」也將失去意義，因為你已經不在了。

因此，你要想擁有巨大的「1000……」你就應該記住珍愛並保住你賴以生存的「1」因為一切的成就，一切的財富，都始於身心健康。

2. 健康的標準在哪裡？

對於健康的概念，隨著社會的進步與生活水平的提高，人們的理解也不斷發展。在現代社會，人們對健康的認識已從傳統的生物醫學模式轉向生物——心理——社會醫學的模式，健康應該包括肉體、精神和社會三方面的內容。

世界衛生組織對「健康」的定義是：「一種完整的肉體、心理和社會良好狀態，而不僅僅是沒有疾病或傷殘。」然而，專家們認為，健康是多方面的，包括解剖學上、生理學上、精神病學上等方面，健康觀念在很大程度上受文化的制約。各種傷殘約相對重要性將不同程度地取決於文化環境，以及傷殘的個人在那種文化中所扮演的角色。

作為生存於現代社會的每一個人來講，應該改變以往對健康的狹隘理解，從生理、心理、社會、文化等多個角度來看待健康問題，並以此作為自己生活的標準，使自己成為一個身心健康之人，以充分享受一個美滿幸福的人生。

美國著名的人格心理學家奧爾波特認為，健康應包括以下六個標準——

1．力爭自我的成長。

2．能客觀地看待自己。

3．人生觀的統一。

4．有與他人建立親睦關係的能力。

5．人生所需要的能力、知識的技能的獲得。

6．具有同情心，對生命充滿愛。

著名的心理學者馬斯洛（A. Maslow）也提出了健康的十項標準——

1．充分的安全感。

2．充分了解自己，並對自己的能力做適當的評估。

3．生活的目標能切合實際。

4．與現實環境能保持接觸。

5．能保持人格的完整與和諧。

6．具有從經驗中學習的能力。

7．能保持良好的人際關係。

8・適度的情緒表達及控制。

9・在不違背團體要求的前提下，能適當地滿足個人的基本需求。

10・在不違背社會規範的前提下，能適當地滿足個人的基本需求。

由此可見，一個人光有發達的四肢、健壯的肌體，這並不是一個完全健康的人。在一個發育良好的體內，必須同時具有一種正常而良好的心理，這才是我們獲得幸福、取得成功的前提。我們每個人都可能遭受情場失意、官場失位、商場失利等方面的打擊；我們每個人都會經過幸福時的歡暢、順利時的激動、委曲時的苦悶、挫折時的悲觀、選擇時的徬徨、這就是人生。人生就是一碗酸、甜、苦、辣的湯，你都可能品嘗。

人生的幸福美滿其實是人的一種感覺，一種心情。

外部世界是一回事，我們的內心又是一種境界，一個人是歡欣鼓舞、興高采烈，還是孤獨苦悶，垂頭喪氣，這主要是由我們的心理、個體的態度來支配。事物本身只會影響我們的態度，並不能直接影響我們的心情。

一個人心理健康，幸福美滿才能長駐。一個人心理不健康，縱有山珍海味、金錢權勢，內心仍可能痛苦凄涼；心理健康，可使你積極地面對一切，化憂解難，驅除消極情緒，獲得一個美滿與幸福的人生。

你是一個精神健康之人嗎？下面的這份自我測試是由美國一位專門從事心理諮詢的專家提出的，請你回答以下的問題，並以此衡量一下自己選擇幸福和實現抱負的能力。回答時請你盡可能保持客觀性，以更加準確地評價和估量自己以及你現在的生活。

1・你認為你的頭腦屬於自己嗎？
2・你是否能控制自己的情感？
3・你生活的動力是否來自內心世界，而不是外界環境？
4・你是否不需要別人的讚許？
5・你是否為自己制定行動的準則？
6・你是否不渴求正義和公正？
7・你是否不加抱怨地接受自己？
8・你是否不崇拜偶像？
9・你是否是只管做自己的事，而不去批評別人的人？
10・你是否喜歡探索神奇的未知世界？
11・你是否不以負面的語言來描述自己？
12・你是否始終如一地肯定自己？

13．你是否能夠自我發展？
14．你是否擺脫了所有的依賴性？
15．你是否在生活中不再埋怨和挑剔？
16．你是否不再感到內疚與悔恨？

以上問題如果你的回答全部是肯定的，那說明你能夠做出積極的選擇，恭喜你，你是個身心健康的人。否則，你就得好好思量思量，畢竟，你的幸福寄寓於你的健康呀！

3．健康的法則

有人說，好習慣是健康的銀行。好習慣主要表現在：生活中應戒菸、節酒、限鹽、限糖、限動物脂肪。多食粗糧、雜糧、蔬菜、水果。注意食物中有足夠的蛋白質、維他命和攝入微量元素，保證飲用充足的水，不暴飲暴食、不偏食，多吃綠色食物而少食含有色素和摻有防腐劑、添加物的食物，那種以工作忙為理由，長年累月與泡麵為伍的生活是很損健康的。

好習慣能積累生命，壞習慣會縮短壽緣。根據研究，形成疾病的原因有60％是不良習慣造成的，所以不可小看習慣。

當然，愉快的情緒也是健康的保障。能夠保持自己心理平衡、精神愉悅也可看作是健康的法寶之一，下面是一組長久以來歷經眾人驗證且行之有效的健康法則，如果你試著按它說的去做、那我相信你肯定會是一個健康的人。

1・肯定自己是健康的人，告訴自己：「我覺得今天很好。上帝創造了我的身體、心情和靈魂，所以，今天我感覺，如同上帝要我感覺的一樣，充滿活力以及健康的身心。」

2・經常在心中保持你是一個健康者的形象。

3・每天都為你心情愉快、活力充沛而充滿感激。

4・努力消除任何不健康的思想。所有的消極思想和仇恨、後悔、卑鄙、狡辯、失望等都應該根除。然後代之以健康、仁慈、積極的思想。

5・不要做任何會使心志衰弱和退化的事。

6・維持體重。儘量維持正常體重。解決體重問題，特別需要精神力量的控制。要特別注意控制口腹之欲。口腹之欲與人的性格有關，而性格完全是受精神層面所影響的。

7・每天運動，有益於身體健康。

8・定期找醫生檢查。身體有任何不適，應馬上到醫院接受檢查，及時發現，使小毛病不致於發生大問題。

9‧依我所見，最重要的保健之道是敞開心胸，讓生命的力量源源進入。

柏拉圖有句名言：「你不可以嘗試只救身體而不救靈魂。」一定要記住這句話。一個健康的人必須是身體與靈魂都健全完整的。要想保健長壽，良好的精神相當重要。當一個人內心充滿積極思想時，導致生病的消極思想便沒有了生存的空間，你便能擁有健康。

4‧退休以後的洛克菲勒

億萬富翁洛克菲勒退休後，他確定的主要目標就是要：保持健康的身體和心理、爭取長壽和贏得同胞的尊敬。金錢能幫助他達到這些目標嗎？

下面即是洛克菲勒如何達到這個目標的綱領：

1‧每星期日去教會參加禮拜，記下所學到的原則，供每天應用。

2‧每天睡八小時，每天午睡片刻。適當休息，避免有害的疲勞。

3‧每天洗一次盆浴或淋浴，保持乾淨和整潔。

4•移居佛羅里達州，那裡的氣候有益於健康和長壽。

5•過有規律的生活。每天到戶外從事自己喜愛的運動——打高爾夫球，吸收新鮮空氣和陽光，定期進行室內的運動、讀書和其他有益的活動。

6•飲食有節制，細嚼慢嚥。不吃太熱或太冷的食物，以免燙壞或凍壞胃壁。

7•汲取心理和精神的維他命。在每次進餐時，都說文雅的語言，還同家人、祕書、客人一起讀勵志的書。

8•僱用畢格醫生為私人醫生。（他使得洛克菲勒身體健康、精神愉快、性格活躍，愉快地活到98歲高齡）。

9•把自己的一部分財產分給需要的人。

或許，作為億萬富翁的洛克菲勒當初努力保持健康長壽的最初目的，只是讓自己更長時間來享受屬於自己的財富，但我們通過他的健康綱領依然可以發現：他可以用錢買來乾淨的空氣，精緻的美食，私人醫生，但金錢還是不能讓他買到心靈的愉悅與香甜的睡眠。當然，人活於世，不賺錢不行，沒錢怎麼生活？但也不能做個拚命三郎，錢不是一下子就能賺到的，只有保住了健康之本，才有可能去掙錢。所以，對賺錢的事，勤奮努力是對的，但也要考慮到健康問題，不要太勉強自己，否則弄壞了身子，明明面前有一堆金子，你也無力去拿，這才是人生的一大憾事！

一個人怎樣才能保住自己的健康呢？你至少應該注意以下幾點：

1．**順其自然地賺錢**——不要時時惦著「賺錢」這件事，這樣會給你造成一種壓力，壓迫你去超負荷地工作，這對你的心理和精神都有負面影響，所以最好是順其自然，錢不是想賺就能賺到的，有時你不想賺也許會悄悄來到你家門，好好把握機會吧！

2．**要節制欲望**——在社會上做事，免不了應酬，而應酬也要有所節制，不能想做什麼就做什麼。酒色財賭，更不能陷入其中，否則害人害己，傷及身體。

3．**要時常活動筋骨**——你可依據個人的體能、時間、場所，做各種不同的運動，不要說你太忙，忙不是一種理由！難道還有什麼事比保全身體更重要的嗎？

4．**定期做健康檢查**——身體要經常做些檢查，以便提早發現問題及時診治。

如何保持健康，其要領和法則很多，但有一點可以肯定，只要你有心，就可以得到！至於錢，慢慢賺吧，有了健康，還怕賺不到錢嗎？賺不到大錢，賺點小錢不也可以安心過日子？

5．憂慮是健康的大敵

事實上，人體不健康並非完全由食物引起，科羅拉多醫科大學的富蘭克林・耶伯博士認為，在一般醫院的疾病案件中，有三分之一的性質及發作症狀方面很明顯是因器官上的障礙，三分之一為感情上和器官上的病症所造成的結果，剩下的三分之一很明顯地則是屬於感情因素。

《精神和肉體》一書的作者富蘭達斯・丹巴斯博士說：「問題不在於病症是由於肉體的或感情的，而是在於以上兩者分別所占的比率。」

只要是曾生過病，而且能深入思考的人，不論誰都會率直地承認怨恨、憎惡、惡意、嫉妒及復仇這些心理狀態就是引起不健康的原因，肉體上的化學反應即是由於感情的激發而產生，結果也會引起不健康。如果以激烈的沸騰狀態長期持續這種感覺，則肉體的所有部分均將開始衰弱。

因此，如果你的健康情況不甚良好，我建議你慎重地自我分析。你必須率直地反省是否有惡意、怨恨及憤怒等心情，如果有，一定要把這些情緒消除，並迅速加以根除。因為一旦有了那樣的情緒，即使不致危及他人，但它卻會日夜腐蝕你本身的生命。

須知大多數的人並非由於食物的因素而導致不健康，而是由於某種腐蝕肉體的因素所致。此種由感情因素所引起的疾病不但足以破壞精力、降低工作效率、損害健康，也會奪走你的幸福。

心情煩悶會使身心發生變化。當一個人的心情煩悶到極點時，他的思考力、判斷力會減退；注意力變得不容易集中，情緒容易激動，而且，會產生失眠、疲勞等身體上的毛病。

在此介紹幾種消除煩悶的方法

1．**體操療法**——在飯後或睡前，做十分鐘體操，是使全身肌肉鬆弛的方法。這種體操為：轉動頸部、捶捶肩膀、扭動腰部、伸展手足等等。特別是肌肉容易酸痛的部位，要儘量地放鬆，使精神上得到一種舒適感。

2．**放鬆法**——遇到精神過度緊張，而覺得心情很厭煩時，要立刻躺下來或坐著，將全身的肌肉放鬆，並閉上眼睛約十分鐘左右，如此就可以收到良好的效果。

3．**指壓法**——心情煩悶，會使身體上的某些肌肉發生硬化。遇到這種情形時，我們可以利用每天臨睡以前或假日的時間，施行指壓法。

——指壓法的範圍與方法如下：

①利用指尖的力量輕按太陽穴。

②用手掌用力地按摩後頸。

③用手指左右地交互地抓捏肩膀。

④用手掌沿著手臂內側經腋下至腰部，來回按摩以及捶打、按揉，摩擦腰部、腳部等容易酸痛的肌肉等等。

——如此施行以後，煩悶會一掃而空，而能使心情保持愉快。

4・水療法——洗澡對於情緒的鬆弛也很有功效。利用睡前的三十分鐘或一小時，以輕鬆的心情洗個溫水澡，可以刺激皮膚，使全身的血液循環順暢，並降低脈搏的速度與血壓。

6・積極的心態與健康

美國石油大王洛克菲勒活了98歲，發明大王愛迪生活了84歲，鋼鐵大王卡耐基活了84歲，日本企業巨子松下幸之助活了95歲，拿破崙・希爾本人也活了87歲……

這些人之所以能成功、能長壽，就是因為他們時刻用積極的心態去迎接事業、迎接生活。積極心態的「兩大報酬」就是心理健康和身體健康。真的，用你的實踐努力去驗證吧！

積極心態會給人體健康帶來好處，消極心態可能引發疾病，對此我有過多次深刻的體會。心中有消極思想是一件危險的事。

現實生活中到處都有人因為他們內在的挫折、仇恨、恐懼或罪惡感，而給自己的健康造成損害。顯然，要保持健康身體的祕訣是，擺脫所有不健康的思想。我們必須潔淨自己的心靈，為了有健康的身體，先得祛除心中的消極念頭。

常有人提起，憤恨不滿的情緒常常會引起疾病。

一位美國政治家曾說過：「有兩件事對心臟不好：一是跑步上樓，二是毀謗別人。」這兩件事不僅對心臟不好，而且對人的身體也有害。所以，學會寬恕很重要，你會發現體諒別人會起到奇妙的治療作用。

情緒上的積怨和不滿，多年以後會在生理上造成病痛。不過，也有人因為日常生活的不愉快引起頭痛、背痛、關節痛。

報載有一名男子在過馬路時突然暴斃。醫生檢驗之後說，這個人有肺病、潰瘍、腎臟疾病、心臟衰弱。可是，他竟然活到了84歲。這位醫生又說：「這個人全身是病，一般情況，三十年以前早該去世了。」有人問他的遺孀，他怎麼能活這麼久？她說：「我的丈夫一直確信，明天他一定會過得比今天更好。」

積極的心態會促進你的心理健康和生理健康，延長你的壽命。而消極的心態則正相反——它會扯你後腿。

「我不能活下去了！」——這是美國《芝加哥每日新聞報》上的一篇文章的標題。這篇文章講述：一位62歲的建築工程師回到家裡，上床就寢時，感覺胸痛，呼吸急促。他他的妻子比他年輕十歲，大為驚慌，她懷著希望為丈夫按摩，試圖增強他的血液循環。但是，他死了。

「我再也不能活下去了！」這位寡婦對她的母親說。

於是，這位寡婦由於經受不住心理上的打擊也死了。她和她丈夫死在同一天！

那位渾身都是病的老先生和那死了的寡婦，證明了積極的和消極的心態同樣具有強大的力量。如果懂得積極的心態能把好事吸引到身邊，消極的心態會帶來壞的事情，難道發展積極的思想和態度不是極為合情合理的嗎？

現在正是你發展積極心態的時候。要為任何可能發生的緊急情況做好準備，要有一個人生目標。記住，當你有了人生目標時，下意識心理就能把強大的激勵因素加到你心理上，使得你在緊急情況中也能夠生存下去。

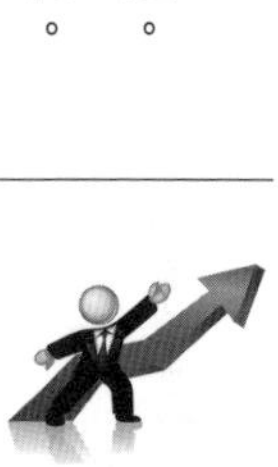

7．健康是可以由自己來選擇

你也許感到奇怪：選擇健康？難道人的健康是可以選擇的嗎？心理學家對這一問題的答覆是肯定的，通過下面這一例子，我們也可以證實這一點。

有一位病人，她聲稱自己多年來每天早晨都感到頭疼。每天清晨六點多鐘，她就等待著頭疼的到來，然後吃上幾片止痛藥。她還經常向朋友和同事們述說自己的病痛。後來，她找到一位心理諮詢專家，而專家做出的診斷是：她自己希望頭疼，並且實際上用頭疼作為引起人們注意、贏得別人同情和憐憫的一種手段。最後，專家給她開出了一個處方，讓她學會不願意頭疼，並可以練習將頭疼從前額的中間部位轉移到頭的兩側。她甚至可以前後左右地變換頭痛的位置，從而學會控制頭痛。

第二天早晨，這位病人又在六點半醒來，躺在床上等著頭疼。當疼痛開始時，她將疼痛「想」到了頭的另一個部位，就這樣，她給自己選擇了一種新的東西，而最後她終於完全不再選擇頭痛了。

科學告訴我們，有些人體常見疾病的原因並不在於生理失調，如頭痛、腰痛、潰瘍、高血壓、皮疹、痙攣等。你不僅可以選擇消除頭痛，還可以通過選擇消除身體上的其他一些疾病，只要這些疾病不是由於人們已知的某種機能失調而造成的。越來越多的事實表明，人們甚至可以選擇消除腫瘤、流感、關節炎、心臟病，以及包括癌症在內的各種疾病，儘管人們一向以為這些疾病是自然產生的。

在治療一些所謂患上「不治之症」的患者時，研究人員認識到，幫助患者打消希望生病的念頭可能是消除內在病源的一種更加有效的手段。世界上有些民族就是通過這種手段來消除病痛的，他們主張完全控制人的大腦，並認為「自我控制」實際上就是大腦控制。

人的大腦由無數的「零件」組成，具有巨大的貯存量，每秒鐘內至少可以接受十個信息。根據較為保守的估計，人腦可貯存的信息總量相當於一百萬億個單詞，而我們平時接觸的單詞僅僅是其中很小的一部分。大腦，是你隨身攜帶的一種強有力的工具，如果願意，你完全可以利用它做出一些令你無法想像的事情

當你閱讀本書時，都應始終記住這一點，並努力培養一種新的思惟方法。

看到這裡，請不要急於將上面這種觀點和控制方式稱之為「江湖醫術」。不少醫生都遇到這種情況：當與病人交談並檢查之後，他們無法從病人身上找出什麼生理毛病。有些人在遇到難於應付的局面時會莫名其妙地生病；有些人在根本「不能」生病的時候，便拼命避免病倒，而將疾病推遲到某一重大的事件結束之後，然後完全病倒。這些情況在日常生活中並不少見。

8．健康的心理自測

一、你是否患有情感症？

在日常生活中，個人情緒的起伏是不可避免的。我們每個人都有這樣的體驗：有時你情緒特別好，神清氣爽，幹勁十足，對人對事以至對周圍世界都充滿了光彩與希望。而有些時候，你的情緒特別低落，心情沮喪，意志消沉，周圍的一切似乎都布滿了灰暗與失落。不過，對一般人來講，像這種歡樂與悲哀的兩極性的生活經驗是很短暫的，平常的情緒狀態多處於兩個極端之間，隨生活情境的變化而略有起伏。這就是人的一般常態現象。

如果一個人的情緒狀態經常處於某一極端（不是極度消沉，就是極度興奮），或者只在兩極之間變換（忽而極度消沉，忽而極度興奮），那就是心理異常中的情感症。情感症按症狀不同可分為如下三種：

1．憂慮症——當某人的情緒狀態長期陷於低落的極端時，這就是憂慮症或抑鬱症。根據心理學家的研究，一般人口中約有25％的女性經歷過抑鬱症的痛苦，男性約為10％。多數患者在一～三個月內會不藥而癒，但日後有可能又發作。

為何女性的比例比男性要高出兩倍，心理學家認為，這主要與患者遭遇生活困難時所採取的適應策略有關。男性一般生活面廣，遇到困難時可以向逆向思考方向轉移，通過其他活動而使情緒轉移。而女性則生活面較窄，喜歡鑽牛角尖，並喜歡向他人訴苦抱怨，使得情緒不能自行紓解，造成適應上的困難。

在情緒方面：患者長期陷入情緒低潮，在痛苦絕望中，時常存在以自殺解脫痛苦的念頭。喪失原來生活中的享受與樂趣，對工作缺乏幹勁，飲食缺乏胃口，沒有嗜好和娛樂，甚至對家庭中最親近的人（包括夫妻關係）也都感到十分厭煩。在他們的生活中，只有痛苦，沒有歡樂。

在認知方面：患者對人對己，對待事物以及整個世界都持有一種負面的想法與看法。對自己，抱怨自己無能、失敗，因而喪失自尊心，而陷入極度的自卑感；對別人、對世事，態度冷漠，不再關心；對未來，充滿了悲哀與絕望。

在動機方面：患者對任何事情都喪失主動的興趣和意願。他們生活中的任何活動完全出於被動；如果這種被動的外力消失了，患者將處於極度孤獨的困境中，可能獨自枯坐一隅，數小時一動也不動。

在生理方面：患者容易表現出體重下降、睡眠失常、四肢無力、易感疲勞、胃口喪失。這些症狀有礙身體健康，會加重患者的憂鬱，而形成惡性循環。

2．躁狂症——與一憂鬱症相反，當個體情緒狀態陷入極度興奮這一極端時，這就是躁狂症。在情感症的三種心理異常中，單純患躁狂症者極為少見。

3．躁鬱症——當個體的情緒極不穩定，有時極度興奮，有時極度低落時，他就患上了躁鬱症。躁鬱症是種兩極性的情感，症狀上具有憂慮症與躁狂症兩者的特徵，當情緒轉向躁狂這一極端時，患者極為興奮，精力充沛，睡眠不足，整日忙碌不停，好說話誇大其辭，愛管閑事，喜歡干涉別人和支配他人，兼有攻擊傾向；吸菸者，其菸量會倍增，喝酒的人會口出狂言，不負責任。躁鬱症患者的興奮情緒狀態，只能維持一段時間，可能在突然間即行轉入另一極端，陷入極度憂鬱狀態。

二、你的生活是否充滿壓力？

我們經常可以聽到人們如此感嘆，現代人生活在壓力之中。那麼，什麼是生活壓力呢？從心理學上講，長期處於威脅性刺激情境下的個人，由刺激情境引起的情緒狀態，一直不能恢復平靜。在這種情形下，具有威脅性的刺激情境，已經改變了當事人的生活中長期存在的事件，這種生活事件隨時使他在心理上感到很大的壓力，這種壓力就是生活壓力。

在現實生活中，由生活事件所形成的生活壓力不只一樁，每個人生活境況不同，遭遇不同，他們所面臨的生活壓力也不一樣。有的人因上進不成而有生活壓力，有的人因身體不佳有生活壓力，有的人因夫妻不和而有生活壓力，有的人因子女不孝而有生活壓力……心理學家認為，以下三個方面是人們公認的生活壓力來源——

1．生活改變——是指個人日常生活秩序上發生的重要改變。因生活事件所形成的生活壓力。

2．生活瑣事——西方有句諺語：「最後一棵草會壓垮駱駝背」。同樣的道理，煩心的生活瑣事，日積月累之後也會給人造成生活壓力，這些瑣事是人們日常生活中經常遇到而且無法逃避的。心理學家發現，日常生活中成為生活壓力的瑣碎事件主要有以下六個方面：家庭支出方面；工作職業方面；身心健康方面；時間分配方面；生活環境方面；生活保障方面。

3．心理因素——上述兩種生活壓力來源，性質上均屬於人與事、人與人關係的外在因素。除此之外，一個人內在心理上的困難，也會形成生活中的壓力。如挫折與衝突。人們在日常生活中隨時隨地都可能遇到挫折情境，並因此產生挫折感。如子女的婚事遇到父母的反對，這是因人而生的挫折；生意上沒賺反賠，這是因事而生的挫折；颱風過境，洪水暴發，這是自然災害帶來的挫折……因遭受挫折，人的生活目標無法實現，在眾多挫折感的交織下，就形成了人的生活壓力。

第2章

你是否真的了解自己的性格？

性格決定命運，每一個人都一樣，
什麼性格就會造就什麼樣的人生。
性格並非本性難移，它絕對不是天生注定的，
性格可以隨時隨地進行改造！

1．認識你的性格

你快樂嗎？你了解自己和他人嗎？你懂得選擇嗎？你是否明白，具備對自己和他人的辨別抉擇的能力有多麼重要？——了解性格，學習性格的知識。聰明的了解別人，敏銳的認識自己，可能是你最重要的選擇。因為，你將可能由此釋放你與生俱來的性格的力量。

「我是誰？」這個似乎十分簡單而略顯愚蠢的問題，對你而言，可能是你需要掌握的最為重要的知識之一。

在非洲的大草原上，生活著羚羊和獅子。清晨，羚羊從睡夢中醒來，牠想的第一件事就是：我必須跑得比最快的獅子還要快，不然，我可能會被咬死。此時，獅子也睜開了眼睛，牠所想的第一件事是：我一定得跑得比羚羊快，否則，我可能會被餓死。一生忙忙碌碌，四處奔波的羚羊成為自然界優勝劣汰的犧牲者；而一生大部分時間懶洋洋躺著曬太陽的獅子，卻成了百獸之王。

日復一日，年復一年，草原上重複著同樣的故事。每天清晨，當太陽升起的時候，幾乎同時，羚羊、獅子一躍而起，朝著太陽奔去……

尊嚴來自於實力，聯想到動物的本能與人的性格，誰能否認人與人的差異何嘗不與性格有著緊密的關聯呢？

有人說，自古那些英雄偉人便非同一般，實際上，我們細細探究，在這些人中，天資聰穎過人的倒並不多見，但他們之所以會成為偉人，就是因為他們的性格不平凡，與眾不同。有人統計發現，偉人們性格中大多具有反叛意識，敢為天下先，不拘一格，敢於冒險，等等不一而足，兩相比較，我們便會發現他們與凡人有多大的不同。

獅子永遠是獅子，羚羊永遠是羚羊。

英雄永遠是英雄，凡人永遠是凡人。

這便是——「性格的魔力」！

2．迷人的個性魅力

也許你曾遇到過這麼一些人，他們以自己滿腔的熱情深深打動了你。而你呢，無論在理智上還是在情感上，都被他們吸引，這種吸引是那樣的心甘情願，以至於你會在不知不覺中去為實現他們的目標而效力。

但不知你有沒有這樣問過自己：他們的威信是怎樣來的？究竟是什麼因素構成了這些威信？又是什麼東西使得這些人變得那樣具有吸引力？

難道僅僅是滔滔不絕的言辭的結果嗎？要不就是他們在待人接物方面有著天生的圓融？再或者是他們在設計引人注目的形象方面有著祕訣，是這些祕訣使得我們圍著他們團團轉？

確實，這些都是原因，但又不僅僅是這些，更科學的說法是，他們具有獨特的「性格魅力」。所謂魅力就是這麼一種能力，它是由你的性格決定的，通過你與他人在身體上、情感上及理智上的相互接觸，從而對他人產生積極的影響。一個人的性格魅力，包括以下各方面——

1．表達力——你的點子特別多、你的想法也很巧妙，但是，如果你不把它說出來，又有誰會知道呢？

2．聆聽力——對於那些滔滔不絕的人來說，多聽也是一把交流的鑰匙，傾聽有時比說話更具有影響力，它同樣會使人覺得耳目一新。

3．說服力——這是一項鼓勵人們接受你的領導或採納你的意見的技巧。一個觀點，無論它有多麼偉大，倘若不被採納，都無濟於事。

4．適應力——不了解他人的風格，而想與之建立聯繫之橋，這是不可能的。所以，要努力提高你的行為的適應性，以便建立起良好的人際關係。

5．見識力——最後，不論你在建立人際關係上有多大的能耐，也不論你在形象、表達、聆聽和利用天時地利方面做得怎麼好，你總得要有東西（言之有物）可說才好，否則你就是一個空架子。

如果你認為以下列舉的這些都是一些小缺點的話，那就錯了。因為這些缺點的混合速度是非常快的！

1．不注意自己說話的語氣，經常以不高興或與人對立的語氣說話。
2．應沉默的時候，卻偏偏愛講話。
3．隨意打斷別人的話。
4．在談話中插入一些和自己有密切關係，但卻會使別人感到不好意思的話題。
5．自吹自擂。
6．不管自己是否了解，而任意對任何事情發表意見。
7．以傲慢的態度拒絕他人的要求。
8．在別人的朋友面前說一些瞧不起他的話。
9．指責和自己意見不同的人。
10．評論別人能力不足或種種缺失。
11．請求別人幫忙被拒絕後心生抱怨。

12・措詞不敬或具有攻擊性。

3・性格有哪些類型？

為了說明人的性格是多麼地不同，讓我們先舉一個具體的例子：某劇院的演出正式開始了。五分鐘後，劇院門口來了四個遲到的觀眾，守門員按照慣例，禁止他們入場。

先到的A面紅耳赤地與守門員爭執起來，他爭辯說，戲院的時鐘走快了，他不會影響任何人，打算推開守門員徑自跑到自己的坐位上去，而僵持不下……

遲一點到來的B立刻明白，人家是不會放他進入劇場裡去的，但樓上還有個檢票口，從那裡進入或許便當些，就跑到樓上去了。

差不多同時到達的C看到不讓他進入正廳，就想：「第一場大概不太精采，我還是暫且去小賣部轉轉，到幕間休息時，再進去吧。」

最後到來的D說：「我真是不走運，偶爾才來一次戲院，就這樣倒楣！」接著就乖乖地回家去了。

這四種人的心理活動，都塗上了個人獨特的性格色彩。

A是：力量型的人物，直率、熱情，精力旺盛，情緒易於激動，心境變化劇烈。

B是：活潑型人物，好動、敏感，反應迅速，注意力容易轉移。

——以上兩種人的性格都具有外向性。

C是：完美型人物，安靜、穩重，反應緩慢，沉默寡言，情緒不易外露，善於忍耐，很有毅力。

D是：和平型人物，孤僻、自卑，行動緩慢，多愁善感。

——以上兩種人的性格都屬於內向的類型。

不過現實社會中，極端外向或極端內向的人畢竟是少數，多數的人都為介於外向和內向之間的中間類型。

需要注意的是，性格並沒有好壞之分，不同的性格和不同的策略與原則，在邁向成功的道路上也會有不同的選擇。同時，沒有一個人是百分之百屬於某一種類型。

4．性格處方箋

了解認識了自己的性格特徵，接下來我們便應該豐富和完善它，揚長避短，最大程度地發揮和展示它的魅力。我們處在一個競爭的時代。生活中我們會經常發現，很多人的學歷並不是很高，也不是非常智慧，但他的為人處事特別到位，特別能夠把握機會，經常能夠碰到一些別人遇不到的機遇，這看起來很偶然，但是所有的偶然都是經由必然所產生的。

為什麼說性格主宰我們的命運？大家一定記得古時候的水桶，它是用木片一塊一塊圍起來的。木片有高有低，但是這個水桶盛水的多少不是取決於最高的木片，而是取決於最低的木片。所以要想各方面取得更大的成功，或者各方面得到更多的收穫，應該把最低的木塊整理好，要有更多的東西才能夠有更多的收穫。

這就是完善自己個性的必要性。

性格沒有好壞之分，這個世界缺少任何一種性格都不行。事實上，每個人都有好壞兩方面——我們既有優點，也有惹人反感的一面；就是同一種性格，也有優劣之分。要視程度而定，即所謂物極必反，因為缺點就是優點的過分延伸。

「活潑型的人」——最大的優點是，無論在何時何地，他都能帶來愉快的交談，這是令其他人羨慕的；但是如果超過了限度，活潑型的人就會總是不停地說，並且常常信口開河，不被信任的類型。

「完美型的人」——充滿分析的思考是其天生的優點，他們常常會得到頭腦簡單者的敬重；但如果超過了限度，便容易鑽牛角尖並表現得情緒低落。

「力量型的人」——雷厲風行的領導才能在現代生活中被廣泛需求，但超過了限度，通常會表現得獨斷專橫，喜歡操縱一切。

「和平型的人」——隨和的個性使他們在任何群體中都受歡迎，但超過了限度，會給人做什麼事都漫不經心、毫無主見的印象。

當我們用以上這些個性來審視自己時，我們應該注意到自己個性的哪些方面能得到別人的良好反應，從而提高自己的個人形象；另一方面，我們也要留意，哪些方面做得太過分，冒犯了別人，並下決心盡力加以改正。

還記得那些我們所熟知的莎士山亞筆下的偉大英雄嗎？哈姆雷特、馬克白、李爾王等人，他們都是聲名顯赫的偉人，但他們都有導致失敗的「致命缺點」。

我們每個人的血管裡都流著英雄的血液，發現自己的潛能，並加以明智的應用，是件多麼激動人心的事情！但就像這些昔日的英雄一樣，我們每個人都有「致命缺點」。若對其置之不理，就會導致失敗。讓我們每個人都實事求是地審視自己，找出自己的缺點，現在還為時不晚。因此我們做了以下的建議——

一、讓活潑型（S）的人成熟起來

活潑型的人比其他氣質類型的人更願意去改變，因為他們喜歡新主意、新事物，還因為他們喜歡受人歡迎而沒有侵略性。但有幾個主要問題，阻礙活潑型的人的進步。

問題1：活潑型的人沒有行動力

首先，他們可能有一個好的意圖，但他們很少去立即實行任何計畫。當我們向一個活潑型的人請教他要如何去實施這個計畫時，通常這類人會說：「我最近好忙，等我有空再說吧！」他們就是這樣推托而失去了貫徹的機會。

問題2：活潑型的人是變化無常和容易忘記的朋友

活潑型的人令生活豐富多采，擁有許多朋友，但他們常常不是「好朋友」，高興時和你一起玩，當你一旦碰到麻煩或需要幫助時，他們就消失得無影無蹤。

活潑型的人擁有的往往是志趣相投的人，而非真朋友。他們召集那些欣賞他們、喜愛他們、崇拜他們的人，他們喜歡那些願意付出的人；而當有人需要幫助時，他們就會轉過臉去，因為他們忙於一些刺激而又多餘的事，根本就無暇顧及任何麻煩。

問題3：活潑型的人沒有條理、不成熟

雖然活潑型的人常被選為「最可能成功的人」，但他們通常並不會成功。他們有主意、有個性、有創造力，但他們幾乎都不能在某一時間將這些東西組織起來。如果幸運地得到一時的成功，優越感會沖昏他們的頭腦。但若需要好幾年的計畫及工作，他們就會放棄並走向其他方向。許多活潑型的人往往在幾年間跳槽，甚至轉行。他們說，一旦覺得這個王國裡的皇冠難以摘取，他們就會另謀高就。

活潑型的人的故事通常很可笑。這說明了活潑型的人往往雷聲大、雨點小，不能發揮自己的潛能。他們從不想今天就切實開始工作，因為今天肯定有別的事發生。他們只想享樂，而不想工作。像個長不大的孩子。

二、讓完美型（M）的人快樂起來

完美型的人是各種極端的混合體。他們同時具有最高和最低兩個極端。他們喜歡研究個性，因為可為他們提供自省的工具；同時他們又抗拒這樣做，因為他們擔心這些理論太簡單，太容易明白，不值得研究。他們拒絕被放在盒子裡，貼上標簽，因為他們覺得自己不像其他性格的人。他們是獨一無二的、複雜的，甚至自己都不了解自己，所以當然不能被統歸到某一類去。完美型的人要注意克服以下問題：

問題1：完美型的人容易抑鬱

一旦完美型的人認識到自己感情用事，他們就會開始改善自己，就如活潑型的人要強迫自己有條理一樣，他們也得強迫自己快樂些。

當完美型的人了解了性格的差異後，就會如釋重負。你會認識到，也許這是你第一次認識到，活潑型的人、力量型的人不是衝著你來的。他們沒花太多時間去猜度你，去謀算你。當你學著以他們的性格（而不是你自己的）來評價別人時，你對別人就會有新的印象。你會向每個路過的人微笑，並再不會自尋煩惱。

當一個人的精神總是集中在消極面時，就會漸漸變得沮喪及憂鬱。完美型的人應將注意力放在積極面上，一旦發覺自己在注意消極面時，就必須將這種想法趕出腦海去。

問題2：完美型的人拖拖拉拉

完美型的人本身是完美主義者，他們常常會對某件事情做了一連串的計畫，因為他們懼怕失敗。

若完美型的人不把那麼多時間花在做計畫上，就不會迫使我們毫無準備地行事，事後又要花工夫去補救。

完美型的人標準高，他們做每件事都要做得最好，但若將這些標準強加給別人，這就是性格的缺陷。

研究性格對完美型的人來說有很大價值。他們開始了解到為何別人的行為及反應和他們不一樣後，就能開始從積極的角度處理與家人和朋友的關係。

許多完美型的人總覺得自己有問題，因為他們看起來不像其他人那麼輕鬆和愉快。人們告訴他們要快樂一點，輕鬆一點，他們卻背道而馳。太多的完美型的人告訴我，當他們知道自己不是精神問題，而只是四種性格類型中的一種時，真使他們如釋重負。

三、讓力量型（C）的人緩和下來

正如和平型的人認為他們的缺點很微小、完美型的人認為他們是沒希望的一樣，力量型的人不去理會他們有什麼地方令人討厭，因為他們總認為自己是對的，所以自然地認為他們不可能有錯。

問題1：力量型的人好勝心強

從兒時開始，力量型的人在任何情況下都好勝，想盡辦法不丟臉。這正是力量型的人存在問題並不予改進的原因。他們總是能夠對「不是我的缺點，錯在他人」做出合理的解釋。一旦力量型的人意識到他的缺點時，就會很快改進，因為他是目標主導型的，並要向自己證明：只要他下定決心，就能征服一切。

力量型的人是出色的工作者，他比任何性格的人都能幹；但在另一方面，他不會自我放鬆和減壓。他勇往直前，不懂自制，認為生命就是為了不斷地取得成功。

力量型的人必須認識到，你們成功的迫切感對你們周圍的人產生了可怕的壓力，使這些人意識到如果他們不分秒必爭，他們將成為二等公民。力量型的人一定要避免成為工作狂，眾人才願意和你們在一起而不會因為緊張而逃避。力量型的人必須學會適應社會環境，當他不在主控地位時要休息放鬆。他必須讓別人有發揮決策和組織活動的機會。他必須參加他沒有參與計畫的活動，與不是他自己選擇的領導合作。

問題2：力量型的人一意孤行

力量型的人的重大缺點是他太固執地認為他總是對的，不用他的方法看待事物的人都是錯誤的。他總是懂得用最快最好的方法去完成工作，並指使你去做，若你不響應，就是你的錯。他永遠高高在上，俯視他所稱的「傀儡生活」。這種優越感會在心理上對他人造成傷害。由於力量型的人比其他性格的人能更快地完成任務，因此他們難以理解為什麼別人不能與他同步。他們認為沉默的人是愚蠢的，不好勝的是弱者。從他們自身優點和自信的角度看，他們判定別人低人一等。

四、讓和平型（P）的人振奮起來

每一種性格都各有長短。和平型的人比較低調，所以也有其低調的弱點。力量型的人的優點一眼即可看出，而他的缺點也顯而易見。和平型的人的優缺點都是深藏不露，他們不能想像自己是好勝的，因為自己是那麼的文靜和友善。在討論會中我感到難以與和平型者溝通，因為他們通常都感到困倦。

和平型者的最大優點是他們沒有明顯的缺點。和平型者沒有脾氣，不會讓自己情緒低落或招惹麻煩。他只是缺乏熱情，不願意顯露自己的優點，且無主見。不過他的缺陷無傷大雅。

問題1：和平型的人得過且過

得過且過是和平型者與完美型者的通病，雖然他們會為此找到不同的理由。完美型者要直到他們找到合適的工具，認為能完美地完成工作時，才開始動手工作。和平型者推遲工作是因為他們根本就不願去做，他們的觀點是：得過且過。

和平型者的沉默使他避免了許多麻煩，但是隱藏自己的感情和不進行溝通，又使他中斷了與他人許多美好的關係。

問題2：和平型的人沒有主見

和平型者的最大缺點是沒有主見。力量型的人提著壺開水，急切地問和平型的人：「你要咖啡、還是茶？」當然，回答是：「隨便。」和平型的人認為他的回答是令人滿意的，他怎麼也搞不清為什麼力量型的人會把熱水澆到他的頭上。

5．性格處世法則

我們無法改變他人的個性，但我們可以改變自己對他人的態度與看法，事實上，這也恰恰是自我個性完善的一部分。

一、如何同活潑型的人相處

活潑型的人總是想使事物不斷更新，在充滿樂趣的氣氛下，他們會有最佳的表現。讓他們做有規律、枯燥的工作則不能盡其所能。活潑型的女人需要大量衣服、金錢、舞會和朋友，而不甘於平淡。活潑型的男人對新工作充滿熱情，在新鮮感消退前，他會做得很出色。如果你要一個有規律、有安全感和穩重的丈夫，就最好別考慮活潑型的人。如果你需要刺激、豐富多采的時光，活潑型的人就是最佳人選。

活潑型的人常會太過投入，因為他們熱中於所有新事物，樣樣都願意參加（甚至主持）。他們同時也感到難以拒絕別人。活潑型的人是善意的，但在不勝負荷時，他們會逃避。要幫他們弄清有多少時間可供支配及選取一些他們能處理的事。活潑型者的伴侶傾向於等待，缺少全面的細緻化的溝通。活潑型的人需要社交活動卻又不懂得如何拒絕人。請為他們受人邀請而高興，並稱讚他們非凡的領導力吧！要幫助他們放棄一些可以成為焦點人物的出風頭機會，但不要將他們所有的社交活動都取消掉。

即使竭盡所能，活潑型的人也很難一下子將事情全部弄清楚。

由於對活潑型的人來說要完成一件事相當困難，所以他們需要經常得到讚許以堅持下去。那些不需要這類支持的性格的人不會明白表揚是活潑型的人的精神食糧，沒有了表場他們就不能生存。

與其他類型的人相比，活潑型的人最易被他們周圍的環境所操縱。他們的情緒會隨其境遇而起落。當你認識到他們的情緒變化得有多快時，你就不會對他們的哭笑過分緊張了。

活潑型的人是多麼喜歡收到禮物啊！無論這禮物怎樣，只要你送來他們就會興奮。由於活潑型的人永遠都天真無邪，像個小孩子，所以他們總在尋找新玩具去使日子過得開心些。

或許與活潑型的人和睦相處的最重要一點就是要懂得他們是善意的。曾有許多完美型的人對我說過，明白活潑型的人並非存心捉弄，這對他們有很大幫助。活潑型的人是多麼希望受歡迎，所以他們只想使別人快樂而決沒有給人添麻煩的意思。當你接受了這個事實時，你會與活潑型的人減少很多的衝突。

二、如何同完美型的人相處

了解性格的最大好處是你知道別人所做反應的原因後而產生的安慰感。對說話不經細想的活潑型和力量型的人來說，懂得完美型的人非常敏感和容易受傷害是很重要的。正是這種敏感的性格給了完美型的人豐富、深沉和情緒化的特徵，但如果走向極端的話，就會令他們容易受傷害。只要你遇到了一個完美型性格的人，就要注意你的措詞和音量，以免由於你的話而令他沮喪。

如果發現氣氛已經變得緊張，你就得誠懇地道歉，解釋說你常常不加考慮地說話。

除非你理解完美型的人，否則你不會明白他天生就對生命感到悲觀。這種性情確實是有積極意義的，因為他們可以預見到其他性格的人沒有在意的問題，但若走向極端他們就永遠不會有一分鐘的快樂。

因為完美型的人對別人的愛缺乏安全感，所以他們總是對所受的讚揚帶有疑惑。活潑型的人連取笑也會當作讚許，而完美型的人卻會將讚許當做取笑。他們對隨意、振奮的話感到懷疑的另一個原因是由於他們對每件事都細究，對每個人都懷疑，特別是對快活的人。他們覺得讚揚的背後一定有隱祕的動機，然而他們又真的需要別人欣賞。這種矛盾使得別人應該對完美的人說正面的話，才能被他們所接受。知道這一點可以幫你做出誠懇、平實和親切的稱讚，而且不會為「那究竟是什麼意思」這樣的回答而不悅。

對任何一個完美型的人來說，生活中最重要的部分就是他的時間表。他要知道自己將何因、何時去何地，沒有計畫的一天是混亂不堪的。一旦你接受這個事實，你就能通過有序地安排生活而與完美型的人融洽相處，不要試圖將完美型的人拉進你隨便的生活方式中。

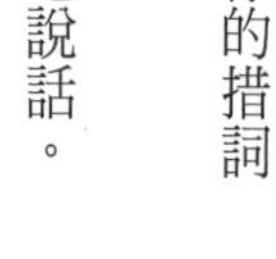

三、如何同力量型的人相處

與力量型的人相處第一件要知道的事就是他們是天生的領導者，他們的天性促使他們去占據操縱者的地位。他們不是和平型的人，有一天他們會做一個接管世界的重大決定；他們不是完美型的人，他們制定計畫並決心將它們變成有衝勁的行動；他們不是活潑型的人，他們想到了的事就會去做。他們天生就有指揮欲和領導欲。

一旦你了解到他們充滿積極的性格特徵、有時會走向極端的天性，當他們指揮你時，你就不會覺得驚奇和受辱了。

因為力量型的人表現得這樣強而有力，那些要和他們相處的人必須以同樣的力量回應。他們並非想強迫人按其方法行事，他們只是能很快看清是非，並認為你想知道答案。只要你了解他們的思惟模式，你就可以堅定立場，他們會為你的做法而敬佩你。如果你任由力量型的人使喚，他就會一直這樣下去

由於力量型的人處事注重實際，他不習慣對病弱的人表示同情，不會去愛那些醜陋的事物，或花時間去醫院探望病人。如果要填補感情上的空虛，力量型的人傾向於找尋別的途徑。他們不是吝嗇或者殘忍，他們只是對受傷的人沒有同情心而已。力量型的人應訂立一個目標以增強他們的同情心，而只要你不指望奇蹟出現，你就可以和他相處得

更好。

四、如何同和平型的人相處

和平型的人最優閒、隨和，但他們需要動力。他們需要父母或伴侶的鼓勵和幫助他們建立目標。當我們了解和平型的性格後，我們會知道他們需要直接的推動力，而無論是對孩子、對配偶或對同事，我們都應該讚揚、鼓勵和引導，而不應小看、批評和壓抑他們。

和平型的人能夠訂立目標，但他們的天性使得他們不願這樣做——只要他們能避免預先考慮太多問題。當你學會了與和平型的人一起生活時，你會認識到只要你首先花時間幫他們訂定計畫並解釋其作用，那將會使他們完成更多的工作。

因為和平型的人沉默而安於現狀，因而很容易成為別人推卸責任的目標。我常常看到這樣的情況，力量型的人草率做決定，帶來災難性的後果後，就把過錯都推到願意受氣的和平型的人身上。檢討你在這方面的做法，看你是否把過錯都推到別人身上。

儘管和平型的人可能會逆來順受，這種做法卻損害了他的自尊，使他對你敬而遠之，並讓他再也不敢擔負起責任。

6．超越性格缺陷

任何一個成功的人，都有足以讓他成功的個性特點，自信也好，剛毅也好，總之是為人們所稱道的東西。然而在通往成功的征途上很多人被一些不良的性格缺陷所主宰，雖歷經艱苦，卻所得甚少。

一、懶惰

懶惰有起因，大部分是基於以下三個原因——

一、看不起自己而導致的「自我擊敗感」。

二、經不起挫折而導致的「受挫折耐力低弱」。

三、對自己要求過嚴、過高，而產生的對別人的敵對情緒。

懶惰最深層的原因來自於眼前享樂主義。人生活的目的在於設法得到歡樂，避免痛苦；但是有時必須暫時忍受眼前的挫折和不適，以圖以後得到更大的、長久的利益和舒適。至於將來，則絲毫不加顧及。比如，一個人想學習一技之長，改變自己的生活，然而這需要接受數年的訓練，他放棄了。結果，幾年過去了，他無法得到他想要的工作機會（沒有競爭優勢），只好一直不順心地做著他不喜歡的工作。還有一位業務員，雖然知道很多業務知識，可在實際工作中卻無法提供新的訊息給顧客，結果業務一直不能有所突破。

實際上，所有這些人都是躲避了眼前的不適，但這麼做實際上損毀了將來長久的利益。所以，當你準備拖延，找出懶惰的理由來為自己開脫的時候，且慢，把你的理由找出來仔細地分析一下，看它能否站得住腳！

二、自卑

自卑是缺乏信心、輕視自己、認為自己不如別人的一種心理狀態。

一個人要想成功，必須自信。過於自卑，就會失去自信心，就失去行動的勇氣，放棄對理想的追求，結果自然是一事無成。人其實是一種很奇怪的動物，好端端的，為什麼會產生自卑心理呢？

奧地利心理學家阿德勒認為，自卑產生的可能與以下三個問題有關——

一、每個人都是根據他人對自己的評價和通過自己與他人的比較，來認識自己的長處和短處的。有的人，在與他人比較的過程中，多習慣用自己的短處與他人的長處相比較，結果，越比較越覺得自己不如人，越比越泄氣。只看到自己的不足，而忽視自己的長處，久而久之就會產生自卑感。

二、當人們在應付一種新情況時，如果經常產生「我難以應付」的消極自我暗示，就會抑制自信心，增加心理緊張，束縛自己的手腳，能力不能正常發揮而導致失敗。這種結果又成為一種反饋，印證了低估自己的意識。這樣的惡性循環，使自己蒙上了自卑的陰影。

三、在人生的旅途中，人會經歷各種挫折，如遭受打擊、失戀及學習、工作屢遭失敗等。挫折會使人有各種反應，有的人從挫折中經受鍛鍊，增強了對環境的適應能力，有的人則變得消沉、冷漠。

更有甚者，對微弱的挫折也難以忍受，這就容易使自己被自卑的陰影所籠罩。由此，對於自卑的人來說就應該做到——

1・正確地看待競爭——對自卑者來說，他們參加競爭的惟一目的就是獲勝，一旦失敗，就會認為被人瞧不起。他們也總想躲避競爭，因為他們不相信自己的力量，行動還沒開始就肯定自己不會成功，也不指望成功。如果能夠正確地對待競爭，認識到勝利或失敗乃是常事，就能勇於參加競爭；如果能夠在競爭中總結經驗教訓，就能夠克服把競爭作為消極的心理防禦手段的弊病，有利於繼續參加戰鬥。

2・要正確地與別人比較——每個人都有各自的優缺點，既有長處，也有短處，這方面不行，也許另一方面強過別人，因而不能籠統地與別人相比，更不能拿自己的短處和別人的長處相比較，而應揚己之長，避己之短。古希臘的哲學家蘇格拉底雖然相貌醜陋，但他矢志科學，在哲學上的成就使他得到了巨大的聲譽。這難道不是一個巨大的補償嗎！人與外界環境聯繫的交往渠道是多方面的，這條渠道不通了，還可開闢其他渠道。何必「庸人自擾」？只要我們懂得「得失」、「利弊」的辯證關係，就不會受到任何自卑心理的支配了。

3．積極的自我暗示——積極的自我暗示是一種產生良好結果的來自內心的刺激過程。它的特點是不要在行動之前就去體驗遭受失敗後的情緒。即使在不利的情況下，也要鼓勵自己信心十足地去工作。同時要經常暗示自己，不要把目標訂得太遠，不要有過多的奢望，要一步一個腳印地前進。不斷獲得小的成功能夠增強自信，克服自卑。

4．培養堅強的個性——一個人的自卑心理往往是由於對自己不正確的評價造成的。人的能力有大小，這是事實。但人的能力絕不只是一般的認識特點或操作特點，不單純是由固定的智力組成，它還和人的個性相聯繫。中國古代就有人提出「勤能補拙」。能力和自信心也是分不開的，自信心強的人，能夠充分利用自己的長處，有效地避免短處。他們永遠朝氣蓬勃，樂觀向上，信心百倍，即使遇到困難也表現出巨大的勇氣和力量，在自信心的推動下，能夠充分挖掘自己的潛力，順利地把工作開展下去。

不為自卑心所纏繞，在事業上有所成就，就必須具備堅強的個性。

有人做過這樣的試驗：兩組同等智力水平的學生，對其中的一組告知他們是聰明能幹的，能夠有所成就，並用各種不同的方法刺激他們的自強欲望。不久，奇蹟便發生了。受到自信激勵的學生成績扶搖直上，而沒有受到激勵的另一組學生的成績則相對平平。心理發展規律的研究成果告訴我們，自信，是通往成功之路的基石，是事業航船的風帆。因為達到勝利彼岸後的愉悅心理，將永遠是那些有高度自信的人所獨具的。

三、虛榮

虛榮心是人生普遍存在的心理現象，有一點點虛榮心，無可非議，人之生而為人，總是希望得到別人的認可。如果虛榮過了頭，就成為阻礙成功的心理缺陷，已小有成就的人、易產生優越感的人尤會喪失戒心。

虛榮的魔牆阻隔著我們與成功握手。虛榮過強的人，很容易被讚美之詞迷惑，甚至不能自持，走向了一個虛幻的世界。愛慕虛榮就是太渴望別人認可，即使明知別人是拍馬奉承也還是願意洗耳恭聽，甚至還會不惜以欺騙、撒謊來獲得讚美之詞。

那麼虛榮如何控制，我們怎麼才能走出虛榮呢？

擺脫虛榮，首先要正確地認識自己。

讓我們先審視一下尋求虛榮的原因吧，這將有助於你提出一些辦法，消除虛榮的心理。下面列舉出的都是人們堅持虛榮的一些常見原因，其中大都是表面性的「好處」，它將人引入誤區。

將支配自己情感的責任交付於他人。如果你情緒不佳（消沉、痛苦、抑鬱等）是由於別人不讚許你而造成的，那麼應由他們、而不是由你來對你的情緒負責。將自己情緒低落的原因歸咎於他人，這樣，不管你在生活中遇到什麼不順心的事，你都可以找到替罪羔羊。

不無自欺地認為，你所奉為尊重的人對你印象都不錯，因而很是得意，但是內心卻十分不如意。只要別人比你更為重要，那麼外表就比實質更為重要。

從別人對你的注意中求得慰藉，也可以就此向尋求讚許的其他朋友進行吹噓。

使你更適應鼓勵這種行為的文化環境，並為你贏得許多人的讚賞。

當別的人在恭維你的時候，出於真心的是少數，即使出於真心，有時也是不假思索地隨便說了幾句，更不用說出於某種目的的違心的恭維了。

第3章

停止憂慮，重新出發

長久以來，
人類即為「憂慮」及「事業」所苦，
而白白的浪費人生，尤其是年輕時代的精力。
為了斷絕憂慮及重新由人生的「幸福」出發，
趕快向它告別吧！

1．不要為明天煩惱

很久以前，有位一文不名的智者，流浪到一個貧瘠的鄉村，那裡的人們過著非常艱苦的生活。一天，一群人在山頂上聚集在他的身邊。他說出了一段也許是有史以來引用最多的名言。這段話僅僅幾十字，卻經歷了幾個世紀，世世代代地流傳了下來：「不要為明天憂慮，明天自有明天的安排，我們只要全力以赴在今天就行了。」

很多人都不相信耶穌的這句話「不要為明天憂慮！」他把它當做一種多餘的忠告，把它看做東方的神祕之物。始終不肯相信。他們老是說：「我一定得為明天憂慮、我得為我的家庭做好一切。我得把錢存起來以備將來年紀大的時候用。我一定得為將來計劃和準備。」

不錯，這一切當然都必須要做。實際上，耶穌的那句話是三百多年前翻譯的。現在「憂慮」一詞所代表的意義和當年所代表的意義完全不同。三百多年前，憂慮一詞通常還有焦急的意思。《聖經》把耶穌的這句話譯得更加準確：「別為明天著急」。

不錯，一定要為明天打算，要思考、計劃和準備，可是不要憂慮。

戰時的軍事領袖必須為將來謀劃，可是他們絕不能有絲毫的焦慮。指揮美國海軍的海軍上將金恩曾說：「我把最好的裝備都提供給最優秀的人員，再交給他們一些看起來

很卓越的任務。我所能做的僅此而已。」

他又說：「如果一條船沈了，我無法把它撈起來。如果船一直下沈，我也無法擋住它。我把時間花在解決明天的問題上，要比為昨天的問題後悔好得多。況且，如果我老是為這些事操心，我將支撐不了多久。」

無論是戰時或平時，好主意和壞主意之間的區別就在於：好主意能考慮到前因後果，從而產生合乎邏輯而且具有建設性的計劃，而壞主意則會導致一個人的緊張和精神崩潰。

《紐約時報》的發行人蘇柏格先生告訴我，當第二次世界大戰的戰火蔓延到歐洲時，他感到非常吃驚。對前途的憂慮使他徹夜難眠。他常常半夜從床上爬起來，拿著畫布和顏料，照著鏡子，想畫一張自畫像。他對繪畫一無所知。但為了使自己不再擔心，他還是畫著。最後，他用一首讚美詩中的七個字作為他的座右銘，最終消除了憂慮，得到了平安。這七個字就是：「走在寂寞的夜路」。

大概就在這個時候，有個當兵的年輕人——在歐洲的某地——也同樣地學到了這一點。他叫泰德・班杰明，住在馬里蘭州的巴鐵摩爾城——他曾經憂慮得幾乎完全喪失了鬥志。泰德・班杰明寫道：

「一九四五年4月，我憂愁得患了一種被醫生稱之為結腸痙攣的疾病，這種病使人極其痛苦。我想假如戰爭不在那時結束的話，我整個人就會垮了。

「當時我整個人筋疲力盡。我在第94步兵師擔任士官職務，工作是搞一份作戰中傷亡和失蹤的情況記錄，還要幫助挖掘那些在激戰中陣亡後被草草埋葬的士兵，把他們的遺物送還給他們的親友。我一直擔心自己會出事，懷疑自己能否熬過這段時間，懷疑自己能不能活著回去抱抱我那尚未見面的16個月大的兒子。我既憂愁又疲憊不堪。瘦了34磅，還差點兒發瘋。我眼睜睜地看著雙手變得皮包骨頭，一想到自己瘦弱不堪地回家就害怕。我崩潰了，常常一個人哭得渾身發抖。有一段時間，也就是德軍最後大反攻開始不久，我常常哭泣，這甚至使我放棄了還能恢復正常生活的希望。

「最後，我住進了醫院，一位軍醫給了我一些忠告，整個改變了我的生活。在我做完一次全面身體檢查之後，他告訴我，我的問題純粹是精神上的，『泰德，』他說：『我希望你把生活想像成一個沙子漏斗。在漏斗的上半有成千上萬顆沙粒，它們緩慢、均勻地通過中間那條細縫。除了沙子漏斗，你我都無法讓兩顆以上的沙粒同時通過那條窄縫。我們每個人都像這個漏斗，當一天開始的時候有許多事情要我們盡快完成。但我們只能一件一件地做；讓工作像沙粒一樣均勻地慢慢通過，否則我們就一定會損害身體和精神上的健康。』

「從值得紀念的那天起，也就是軍醫把這段話告訴我之後。我就一直奉行這種生活哲學。『一次只通過一顆沙粒……一次只做一件事。』這個忠告在戰時拯救了我，而對我目前在印刷公司的公共關係及廣告部中所做的工作也有莫大的幫助。我發現在生意場上，也有類似戰場的問題，即一次要做完好幾件事，但時間卻很有限。材料要補充，新的表格要處理，要安排新的進度，地址有變動，分公司開張或關閉……但我不再慌亂不安。我一再重復默誦軍醫的忠告。工作比以前更有效率，再沒有那種在戰場上幾乎使我崩潰的困惑、混亂的感覺。」

目前的生活方式中，最讓人恐懼的就是，醫院裡半數以上的床位都留給了精神或神經上有問題的人。他們是被積累的昨天和令人擔心的明天加在一起的重擔壓垮的病人。他們當中的大部分人，只要能牢記耶穌的這句話：「不要為明天憂慮。」或奧斯勒博士的這句話：「生活在一個完全獨立的今天裡。」今天就都能無憂無慮地走在街上，過快樂而有益的生活了。

你和我，在眼前的一剎那，都站在兩個永恒的交會點上，即永遠逝去的往日和永無盡頭的未來的交點，我們不可能生活在兩個永恒之中，哪怕是一秒鐘也不行。那樣會毀掉我們的身心。既然如此，就讓我們以生活在這一刻而感到滿足吧。羅勃・史蒂文生說：「不論擔子有多重，每個人都能支持到夜晚的來臨。不論工作有多苦，每個人都能完成一天的任務，都能很甜美地、很有耐心地、很可愛、很純潔地活到太陽下山，而這就是生命的真諦。」

不錯，生活對我們所要求的也就是這些。可是，住在密西根州沙支那城的杰爾德太太，在學到「只要生活到上床為止」這一點之前，卻感到極度的頹喪，甚至於幾乎想自殺。她向我講述了這一段的生活：

「一九三七年我丈夫死了，我覺得非常頹喪——而且幾乎一文不名。我寫信給我過去的老板里奧羅西先生，他是堪薩斯城羅浮公司的老板，我請求他讓我回去做我過去的老工作。我從前是做向學校推銷世界百科全書的工作。兩年前我丈夫生病時，我把汽車賣了。為了重新工作，我勉強湊足錢，分期付款買了一部舊車，開始出去賣書。

「我原以為，重新工作或許可以幫助我從頹喪中解放出來。可是，總是一個人駕車，一個人吃飯的生活幾乎使我無法忍受。加上有些地方書根本就推銷不出去，所以即使分期付款買車的數目不大，也很難付清。

「一九三八年春，我在密蘇里州維沙里市推銷。那裡的學校很窮，路又很不好走。我一個人又孤獨、又沮喪，以致於有一次我甚至想自殺。我感到成功沒有什麼希望，生活沒有什麼樂趣。每天早上我都很怕起床去面對生活。我什麼都怕。怕付不出分期付款的車錢，怕付不起房租，怕食物沒了，怕身體垮了沒錢看病。唯一使我沒有自殺的原因是，我擔心我的姐姐會因此而悲傷，況且她又沒有充裕的錢來付我的喪葬費用。

「後來，我讀到一篇文章，它使我從消沉中振作起來，鼓足勇氣繼續生活。我永遠永遠地感激文章中的那一句令人振奮的話：『對於一個聰明人來說，每一天都是一個新的生命。』我用打字機把這句話打下來，貼在汽車的擋風玻璃窗上，使我開車的每時每刻都能看見它。我發現每次只活一天並不困難，我學會了忘記過去，不考慮未來。每天清晨我都對自己說：『今天又是一個新的生命。』

「我成功地克服了自己對孤寂和需求的恐懼。整個人都非常快活，後來事業也還算成功，並對生命充滿了熱誠和愛。我現在知道，不論在生活中會遇上什麼問題，我都不會再害怕了；我現在知道，我不必懼怕未來。我現在知道，我每一次只要活一天——而『對於個聰明人來說，每一天就是一個新的生命』。」

這個人很快樂，也只有他才能快樂。
因為他能把今天，稱之為自己的一天；
他在今天心靈平靜，能驕傲地說：

「無論明天會多麼糟糕，我已經好好活過今天了。」

這幾句詩似乎很具有現代意味，但它們卻是古羅馬詩人何瑞斯在基督降生的公元39年前所寫下的。

我認為人們最可憐的一件事就是，我們所有的人都拖延著不去積極投入生活。我們嚮往著地平線那端的神奇玫瑰園，卻從不注意欣賞今天就開放在我們窗口的玫瑰。

我們怎麼會變成這種傻子——這種可憐的傻子呢？

「我們生命的小小歷程是多麼奇特呀，」史蒂芬・里高克寫道：「小孩子常說：『等我是個大孩子的時候，』可是又怎麼樣呢？大孩子常說：『等我長大成人以後。』等他長大成人以後，他又說，『等我結婚以後，』可是結了婚又能怎麼樣呢，他們的想法又變成了『等我退休以後』——然而，退休之後，他回過頭看著他所經歷的一切，似乎像有一陣冷風吹過。不知怎麼，他把所有的都錯過了，而一切又都一去不復返了。我們總是不能及早領悟：生命就在生活裡，就在每天和每時每刻之中。」

底特律已故的愛德華・伊文斯先生，在學會了「生命就在生活裡，就在每天和每時每刻之中」以前，幾乎憂鬱得想自殺。愛德華生長於貧苦家庭，最初靠賣報為生；後來在雜貨店做店員，家中七人靠他吃飯，他只得找新的工作，做了助理圖書管理員，盡管工資微薄，他也不敢辭職。八年之後，他才鼓起勇氣開創自己的事業，竟然時來運轉，用借來的50元錢發展到一年淨賺兩萬美元，可惜好運不長，他存錢的銀行倒閉了，他不但損失了全部財產，還負債一萬六千美元。他經受不住這樣的打擊，「我吃不下，睡不著，」他說，「我開始生起奇怪的病來，病因純粹是憂鬱過度，有一天我走路時昏倒在路邊從此只能臥床休息，結果全身都爛了，最後連躺著都痛苦不堪。這時醫生告訴我，我大約只能活兩個星期了。我大為震驚，只得寫好遺囑躺下等死。這樣一來，憂慮也就多餘了。我放鬆下來，閉目休養了好幾個星期。雖然每天睡眠不足兩小時，但卻很安穩，那些令人疲倦的憂慮漸漸消失了，胃口也漸漸好起來，體重也開始增加。

又過了幾星期，他能拄拐走路了。六星期後他又能回去工作了。「過去我的年薪曾達兩萬元，現在能找到每週30元的工作就很高興了。我的工作是推銷一種擋板，我不再後悔過去，也不害怕將來，而是將全部時間、精力、熱誠都放在推銷工作上。」

愛德華‧伊文斯的事業發展迅速。沒幾年，他已是伊文斯工業公司的董事長。從那以後，他的公司長期雄霸紐約股票市場。如果你去格陵蘭，很可能會降落在伊文斯機場，這是為紀念他而命名的。但是，他如果沒學會「生活在完全獨立的今天」，那絕不會有這樣的成功。

你大概還記得白雪公主的話：「這裡的規矩是，明天可以吃果醬，昨天可以吃果醬。但今天不准吃果醬。」我們大多數人也是這樣——為了明天的果醬和昨天的果醬發愁，卻不肯把今天的果醬厚厚地塗在現在吃的麵包上。

就連偉大的法國哲學家蒙田也犯過同樣的錯誤。他說：「我的生活中，曾充滿可怕的不幸。而那些不幸大部分從未發生。」

但丁說：「想一想吧，這一天永遠不會再來了。」

生命正以令人難以置信的速度飛逝。今天才是最值得我們珍視的唯一的時間。

現在請你問一問自己以下的問題並說出答案：

1•我是否忘了生活在今天，而只一味擔心未來，我是不是只會追求所謂「地平線那端的神奇玫瑰園」？

2•我是不是常為往事後悔，讓今天過得更難受？

3•我早晨起來的時候，是不是決定「抓住這24小時」？

4•如果「活在完全獨立的今天」，是否能使我從生命中得到更多？

5•我什麼時候應該開始這麼做？下星期……明天……還是今天？

2．清除憂慮的「神奇公式」

這套公式曾使一個帶著棺材航行的垂死病人體重增加了四公斤。你是否想得到一個迅速而有效的清除憂慮的辦法？也就是看上幾頁書就能馬上付諸實踐的方法？

如果你回答「是的」，那麼請允許我介紹威利・卡瑞爾發明的這個辦法。卡瑞爾是個聰明的工程師，他開創了空調製造行業，現在這世界著名的卡瑞爾公司的負責人。我們在紐約的工程師俱樂部共進午餐時，他親口告訴了我這個辦法。

「年輕的時候，」卡瑞爾先生說：「我在紐約州水牛城的木牛鋼鐵公司做事。有一次我要去密蘇里州水晶城的匹茲堡玻璃公司的下屬工廠安裝瓦斯清洗器。這是一種新型機器，我們經過一番精心調試，克服了許多意想不到的困難，機器總算可以運行了，但性能沒有達到我們預期的指標。

「我對自己的失敗深感驚詫，彷彿挨了當頭一棒，竟然犯了肚子疼，好長時間沒法睡覺。最後，我覺得憂慮並不能解決問題，便琢磨出一個辦法，結果非常有效，這個辦法我一用就是30年，其實很簡單，任何人都可以使用。其中有三個步驟：

「第一步，我坦然地分析我面對的最壞的結局，如果失敗的話，老板會損失二萬美元，我很可能會丟掉差事，但沒人會把我關起來或槍斃掉。這是肯定的。

「第二步，我鼓勵自己接受這個最壞的結果。我告誡自己，我的歷史上會出現一個汙點，但我還可能找到新的工作。至於我的老板，兩萬美元還付得起，當做是交學費。

「接受了最壞的結果以後，我反而輕鬆下來了，感受到許多天來不曾有過的平靜。

「第三步。我就開始把自己的時間和精力投入到改善最壞結果的努力中去。

「我盡量想一些補救辦法，減少損失的數目，經過幾次試驗，我發現如果再用五千美元買些輔助設備，問題就可以解決。果然，這樣做了以後，公司不但沒損失那兩萬美元，反而賺了一萬五千美元。

「如果我當時一直擔心下去的話，恐怕再也不可能做到這一點了。憂慮的最大壞處，就是會毀掉一個人的能力，憂慮使人思維混亂。我們強迫自己接受最壞的結局時，我們就能把自己放在一個可以集中精力解決問題的地位。

「這件事發生在很久以前，由於那種辦法十分有效，我多年來一直使用它。結果，我的生活裡幾乎很難再有煩惱了。」

為什麼卡瑞爾的辦法這麼有實用價值呢：從心理學上講，它能夠把我們從那個灰色雲層中拉下來，使我們的雙腳穩穩地站在地面上。假如我們腳下沒有結實的土地，又怎麼能把事情做好呢？

應用心理學之父威廉・詹姆斯曾說過：

「能接受既成事實，是克服隨之而來的任何不幸的第一步。」

林語堂在《生活的藝術》裡也說過同樣的話：

「心理上的平靜能頂住最壞的境遇，能讓你煥發新的活力。」

這話太對了。接受了最壞的結果後，我們就不會再損失什麼了。這就意味著失去的一切都有希望回來了。

可是生活中還有成千上萬的人為憤怒而毀了生活，因為他們拒絕接受最壞的境況，不肯從災難中盡可能地救出點兒東西。他們不但不重新構築自己的大廈，反而，成了憂鬱症的犧牲者。

你是否願意看看其他人對卡瑞爾公式的運用？下面這個例子是紐約的一位油商。

「我被敲詐了！」他說。「我不相信會有這種事。簡直是電影裡的鏡頭！事情是這樣的：我主管的石油公司裡有些運油司機把應該給顧客的定量油偷偷克扣下來賣掉。一天，一個自稱是致府調查員的人來找我，向我要紅包。他說他掌握了我們運貨員舞弊的證據。他威脅說，如果我不答應的話，他就把證據轉交給地方檢查官。這時我才知道公司存在這種非法的買賣。

「當然這與我個人沒有什麼關係，但我知道法律有規定，公司必須為自己職工的行為負責。而且，萬一案子打到法院，上了報，這種壞名聲就會毀了我的生意。我為自己的生意驕傲——那是父親在24年前打下的基礎。

「當時我急得生了病，整整三天三夜吃不下睡不著。我一直在這件事裡打轉轉。我是該付那筆錢——五千美金——還是該對那個人說，你想怎麼辦就怎麼辦吧。我一直拿不定主意，每天都做惡夢。

「星期天晚上。我隨手拿起一本《怎樣不再憂慮》這是我去聽卡耐基公開講演時拿到的。我讀到威利・卡瑞爾的故事時看到這些話：『面對最壞的情況。』於是我向自己提問：『如果我不給錢，那些勒索者把證據交給地檢處的話，可能發生的最壞情況是什麼呢？』

「答案是：『毀了我的生意——僅此而已。我不會被抓起來，僅僅是我被這件事毀了。』於是，我對自己說：『好了，生意即使毀了，但我在心理上可以承受這一點，接下去又會怎麼樣呢？』

「嗯，生意毀掉之後，也許我得另找個工作。這也不難，我對石油行業很熟悉——幾家大公司也許會雇用我……我開始感覺好過多了。三天三夜以來的那種憂慮也開始逐漸消散。我的情緒基本穩定下來，當然也能開始思考了。

「我清醒地看到了下一步——改善不利的處境。我思考解決辦法的時候，一個嶄新的局面展現在我的面前。如果我把整個情況告訴我的律師，他也許能找到一條我沒有想到的新路。我過去一直沒有想到這一點，這完全是因為我只是一直在擔心而沒有好好地思考。我立即打定主意——第二天一早就去見我的律師——接著我上了床，睡得安安穩穩。

「第二天早上。我的律師讓我去見地方檢察官，把整個情況全部告訴他。我照他的話做了，當我說出原委後，出乎意料地聽到地方檢察官說，這種勒索已經連續幾個月了，那個自稱是『政府官員』的人，其實是個警方的通緝犯——在我為無法決定是否該把五千美元交給那個罪犯而擔心了三天三夜之後，聽到他這番話，真是長長地鬆了口氣——這次經歷給我上了終身難忘的一課。現在，每當我面臨會使我憂慮的難題時，『威利・卡瑞爾的老公式』就會派上用場。」

住在麻省曼徹斯特市溫吉梅爾大街52號的艾爾・漢里，一九四八年11月17日在波士頓史蒂拉大飯店，親口告訴我關於他自己的故事：

「在二十年代，我因常常發愁得了胃潰瘍。一天晚上，我的胃出血了，被送到芝加哥西比大學的醫學院附屬醫院，體重也從170磅降到了90磅。我的病非常嚴重，以致於醫生連頭都不許我抬。醫生們認為我的病是無藥可救了。我只能吃蘇打粉，每小時吃一匙半流質的東西。每天早晚護士都用一條橡皮管插進我的胃裡，把裡面的東西洗出來。

「這種情況持續了幾個月……最後，我對自己說：『你睡吧，漢里。如果你除了等死之外沒有什麼其他的指望的話，不如充分利用利用你餘下的生命。你一直想在你死之前周遊世界，如果你還有這個夢想，只有現在就去做了。

「當我告訴那幾位醫生我要去周遊世界的時候。他們大吃一驚。這是不可能的，他們警告說，他們從來沒有聽說過這種事。如果我去周遊世界，我就只有葬在海裡了。『不，不會的』，我說。『我已經答應過我的親友，我要葬在雷斯卡州我們老家的墓園裡，所以我打算隨身帶著棺材。』

「我買了一具棺材。把它運上船，然後和輪船公司商定，萬一我死了，就把我的屍體放在冷凍倉中，直到回到我的老家。我踏上了旅程，心裡默念著奧玲凱立的那首詩：

「我從洛杉磯登上亞當斯總統號向東方航行時，已經感覺好多了。漸漸地，我不再吃藥，也不再洗胃了。不久之後，任何食物我都能吃了——甚至包括許多奇特的當地食品和調味品，這些都是別人說我吃了一定會送命的東西。幾個星期過去了，我甚至可以抽長長的黑雪茄，喝幾杯老酒。多年來我從未這樣享受過。我們在印度洋上碰到季節風，在太平洋上遇到颱風，可我卻從這次冒險中，得到了很大的樂趣。

「我在船上玩遊戲、唱歌、交新朋友，晚上聊到半夜。到了中國和印度之後，我發覺自己回去後要料理的私事，與在東方看到的貧困和饑餓相比，真是天壤之別。我拋棄了所有無聊的憂慮，覺得非常舒服。回到美國後，我的體重增加了90磅，幾乎完全忘記我曾患過胃潰瘍。一生中我從未感到這麼舒服、健康。」

艾爾・漢里告訴我，他發覺自己在潛意識中運用了威利・卡瑞爾克服憂慮的辦法。

「首先，我問自己：『可能發生的最壞情況是什麼？』答案是：死亡。

「第二，我讓自己準備好迎接死亡。我不得不這樣，因為我別無選擇，幾個醫生都說我沒有希望了。

「第三，我想方設法改善這種狀況。辦法是：『盡量享受剩下的這一點點時間』……」他繼續說：「如果我上船後繼續憂慮下去，毫無疑問我會躺在棺材裡結束這次旅行。可是，我完全放鬆，忘記所有的煩惱，而這種心理平衡，使我產生了新的活力，拯救了我的生命。」

所以，如果你有憂慮，就應用威利・卡瑞爾的神奇公式，做下面三件事——

1・問你自己：「可能發生的最壞情況是什麼？」

2・如果你不得不如此，你就做好準備迎接它。

3・鎮定地想方設法，改善最壞的情況。

3・憂慮是長壽的剋星

我們可以用雙手去處理煩人的日常工作，但不要讓它們影響到肝、肺、血液裡去。

很久以前的一天晚上，一個鄰居來按我的門鈴，讓我們全家去種牛痘，預防天花。他是整個紐約市中幾千名志願去按門鈴的人之一。許多被嚇壞了的人，排好幾個小時的隊種牛痘。種牛痘站不僅設在所有的醫院，還設在消防隊、派出所和大的工廠裡。大約有兩千名醫生和護士夜以繼日地忙碌著為大家種牛痘。怎麼會這麼熱鬧呢？原來紐約市有八個人得了天花——其中兩個人死了——八百萬的人口裡死了兩個人。

我在紐約已經住了37年了，可是至今還沒有一個人來按我的門鈴，警告我預防精神上的憂鬱症這一種病，在過去37年裡，所造成的損害，比天花至少要大一萬倍。

從來沒有人按門鈴告誡我，目前生活在這個世界上的人，每10個人中就會有一個人將精神崩潰，主要原因就是憂慮和感情衝突。所以我現在寫這一章，就等於來按你的門鈴警告你。

得過諾貝爾醫學獎的亞力西斯·柯瑞爾博士說：「不知道如何消除憂慮的商人，命不長。」其實，何止是商人，家庭主婦、獸醫和泥瓦匠也都是如此。

幾年前，我度假時，和聖塔菲鐵路的醫務處長郭伯爾博士談到了憂慮對人的影響，他說：「找醫生看病的病人中，有70%，只要能夠消除他們的恐懼和憂慮，病自然就會好起來。不要誤會他們是自以為生了病，實際上，他們的病都像你有一顆蛀牙一樣確實，有時甚至還要嚴重一百倍。如神經性消化不良、某壁胃潰瘍、心臟不舒服、失眠症、一些頭痛症以及某些麻痹症等。這些病都是真病。」郭伯爾博士說：「我說這些話是有根據的，因為我自己就得過12年的胃潰瘍。恐懼使人憂慮，憂慮使人緊張、從而影響到人的胃部神經。使胃液由正常變為不正常，因而產生胃潰瘍。」

曾寫過《神經性胃病》一書的約瑟夫·孟坦博士也說過同樣的話。他指出，「胃潰瘍的產生，不在於你吃了什麼，而在於你憂慮什麼？」

梅育診所的法瑞蘇博士認為：「胃潰瘍通常根據人情緒緊張的程度而發作或消

失。」這種看法。在研究了梅育診所一萬五千名胃病患者的紀錄之後得到證實。有五分之四的病人得胃病並非是生理因素，而是恐懼、憂慮、憎恨、極端的自私以及對現實生活的無法適應。根據《生活》雜誌的報導，胃潰瘍現居死亡原因名單的第十位。

梅育診所的哈羅・海彬博士在全美工業界醫師協會的年會上宣讀過一篇論文，說他研究了176位平均年齡在44.3歲的工商業負責人。大約有三分之一強的人由於生活過度緊張而引起心臟病或消化系統潰瘍或高血壓。想想看，在我們工商業的負責人中有三分之一的人都患有心臟病、潰瘍和高血壓，而他們還不到45歲，成功的代價是多麼高呀！就算他能贏得全世界，卻損失了自己的健康，對他個人來說，又有什麼好處呢？即使他擁有全世界，每次也只能睡在一張床上，每天也只能吃三頓飯。就是一個挖水溝的人，也能做到這一點，而且還可能比一個有權力的公司負責人睡得更安穩，吃得更香。我情願做一個在阿拉巴馬州租田耕種的農夫，也不願意在不到45歲時，就為了要管理一個鐵路公司，或是一家香煙公司，而毀掉自己的健康。

說到香煙，一位世界最知名的香煙製造商，最近在加拿大森林中想輕鬆一下的時候，突然心臟病發作死了。他擁有幾百萬元的財產，卻在61歲時就死了。他也許是犧牲了好幾年的生命，換取所謂「事業上的成功」。在我看來，他的成功還不及我父親的一半。我爸爸是密蘇里州的農夫，一文不名，卻活到了89歲。

著名的梅育兄弟宣布，他們有一半以上的病人患有神經病。可是，在強力顯微鏡下，以最現代的方法檢查他們的神經時，卻發現大部分都是非常健康的。他們「神經上的毛病」不是因為神經本身有什麼反常，而是因為情緒上的悲觀、煩躁、焦急、憂慮、恐懼、挫敗和頹喪等等。柏拉圖說過：「醫生所犯的最大錯誤在於，他們只治療身體，不醫治精神。但精神和肉體是一體的，不可分開處置。」

醫藥科學界花了二千三百年的時間才明白這個道理，一門嶄新的醫學「心理生理醫學」開始發展，對精神和肉體同時治療。現在醫學已經消除了可怕的、由細菌引起的疾病——比如天花、霍亂等種種曾把數以百萬計的人埋進墳墓的傳染病。可是醫學界還不能治療生理心理上那些不是由細菌引起的，而是由於情緒上的憂慮、恐懼、憎恨、煩躁以及絕望所引起的病症。這種情緒性疾病所引起的災難正日益加重，日漸廣泛，而且速度又快得驚人。

醫生估計：現在還活著的美國人，每20個就有一個人在某段時期得過精神病。第二次世界大戰時應召的美國年輕人，每6個人中就有一個因為精神失常而不能服役。

什麼是精神失常的原因？沒有人知道全部答案。可是在大多數情況下極可能是由恐懼和憂慮造成的。焦慮和煩躁的人多半不能適應現實而跟周圍的環境斷絕所有的關係，退縮到他自己的幻想世界，借此解決他所有的憂慮。

愛德華・波多爾斯基博士《除憂去病》一書中有以下幾章的題目。

- 憂慮對心臟的影響。
- 憂慮造成高血壓。
- 憂慮可能導致風濕症。
- 為了你的胃減少憂慮。
- 憂慮會使你感冒。
- 憂慮和甲狀腺。
- 憂慮的糖尿病患者。

另外一本談憂慮的好書，是卡爾・明梅爾博士的《自找麻煩》。這本書不會告訴你避免憂慮的規則，可是卻能告訴你一些很可怕的事實，讓你看清楚人們是怎樣用憂慮、煩躁、憎恨、懊悔等情緒來傷害身心健康的。

憂慮甚至會使最堅強的人生病。在美國南北戰爭的最後幾天裡，格蘭特將軍發現了這一點。故事是這樣的：格蘭特圍攻瑞其蒙達九個月之久，李將軍手下衣衫不整，饑餓不堪的部隊被打敗了。有一次，好幾個兵團的人都開了小差，其餘的人在他們的帳篷裡祈禱——叫著、哭著，看到了種種幻象。眼看戰爭就要結終了，李將軍手下的人，放火燒了瑞其蒙的棉花和煙草倉庫，也燒了兵工廠。然後，在烈焰升騰的黑夜裡棄城而逃。格蘭特乘勝追擊，從左右兩側和後方夾擊南部聯軍，騎兵從正面截擊。

由於劇烈頭痛而眼睛半瞎的格蘭特無法跟上隊伍，就停在一家農戶前。「我在那裡過了一夜」，後來，格蘭特在自己的回憶錄中寫道：「把我的雙腳泡在加了芥末的冷水裡，還把芥末藥膏貼在我的兩個手腕和後頸上。希望第二天早上能復原。」

第二天早上，他果然復原了。可是，使他復原的，不是芥末膏藥，而是一個帶回李將軍降書的騎兵。「當那個軍官（帶著那封信）到我面前時，」格蘭特寫道：「我的頭還疼得很厲害，可是我看了那封信後，立刻就好了。」

顯然，格蘭特是因為憂慮、緊張和情緒上的不安才生病的。一旦在情緒上恢復了自信，想到勝利，病就馬上好了。

假如我想看著憂慮對人會有什麼影響，那我不必到圖書館找文字記載，而只需坐在家裡望望窗外，就會發現那座樓房裡有個人已經因為憂慮患了糖尿病，另一間房子裡有個人精神已經崩潰。

著名法國哲學家蒙田在被推選為家鄉的市長時曾對市民說：「我願意用我的雙手來處理你們的事務，但不想把它們搞到我的肝和肺裡。」

康乃爾大學醫學院的羅索・西基爾博士是世界著名的關節炎治療權威，他列舉了四種最容易得關節炎的情況：

1・婚姻破裂。

2・財務上遇到難關。

3・寂寞和憂慮。

4・長期的憤怒。

當然，這些不是關節炎的唯一成因，但它們是最常見的成因。我的一個朋友在經濟蕭條時遭受很大損失，煤氣公司停止向他供應煤氣，銀行沒收了他抵押的房產。他的夫人便患了關節炎，發病突然，多方治療仍不見效，直到他的經濟狀況好轉，她的病才算康復。

女明星曼兒奧白朗告訴我她絕對不會憂慮，因為憂慮會摧毀她在銀幕上的主要資本——美貌。

她告訴我說：「我剛開始打進影壇時，既擔心又害怕。我剛從印度回來，在倫敦沒有一個熟人。我見過九個製片人，沒有一個肯起用我。我僅有的一點兒錢漸漸用光了，整整兩個星期，我只靠一點餅乾和水充饑。我對自己說：『也許你是個傻子，你永遠也不可能闖進電影界。你沒有經驗，沒演過戲，除了一張漂亮的臉蛋，你還有些什麼呢？』我照了照鏡子。突然發覺到憂慮對我容貌的影響。看見憂慮造成的皺紋，看見焦慮的表情，我對自己說：『你必須立即停止憂慮。你能奉獻的只有容貌，而憂慮會毀掉它的。』」

沒有什麼會比憂慮令女人老得更快，並能摧毀她的容貌的了。憂慮會使我們的表情難看，會使我們咬緊牙關，會使我們臉上出現皺紋，會使我們總顯得愁眉苦臉，會使我們頭髮灰白，甚至脫落，憂慮會使你臉上出現雀斑、潰爛和粉刺。

心臟病是當今美國頭號劊子手。第二次世界大戰期間，大約有30幾萬人死在戰場上；可在同一時期內，心臟病卻殺死了200萬平民——其中100萬人的心臟病是因憂慮和生活過度緊張引起的。

死於心臟病的醫生比農民多20倍，因為醫生過的是緊張的生活。

威廉・詹姆斯說：「上帝可能原諒我們所犯的錯，可我們自己的神經系統卻不原諒。這是一件令人吃驚而且難以置信的事實：每年死於自殺的人，比死於種種常見傳染病的還要多。」

為什麼會如此呢？答案通常都是「因為憂慮」。

古時候，殘忍的將軍折磨俘虜時，常常把俘虜的手腳綁起來，放在一個不停地往下滴水的袋子下面。水滴著……滴著……夜以繼日，最後，這些不停地滴落在頭上的水，變成似乎是槌子在敲擊的聲音，使那些俘虜精神失常。這種折磨的辦法，西班牙宗教法庭和納粹德國集中營都曾使用過。

憂慮就像不停地往下滴的水，而那不停地往下滴、滴、滴的水，通常會使人精神失常以至自殺。

我小時候聽牧師形容地獄的烈火曾嚇得半死，可是他卻從來沒有提到，我們此時此地由憂慮帶來的生理痛苦的地獄烈火。比如說，如果你長期憂慮下去的話，你總有一天會得到最痛苦的病症——狹心症。

啊，要是發作起來，會使你痛得尖叫。與你的尖叫比起來，但丁的《地獄篇》聽起來簡直是「兒童樂園」了。到那時，你就會對自己說：「噢，上帝啊！要是我能好的話，我永遠也不會再為任何事憂慮了——永遠也不會了。」

你愛生命嗎？你想健康、長壽嗎？下面就是你能做到的方法。

我引用亞力西斯・柯瑞爾博士的一句話：「在現代城市的混亂中，只有能保持內心平靜的人，才不會變成神經病。」

你能否在現代城市的混亂中保持自己內心的平靜呢？如果你是一個正常人，答案應該是：「可以的——絕對可以！」我們大多數人，實際上都比我們所認識的更堅強。我們有許多從來沒有發現的內在力量，正如梭羅在他的不朽名著《獄卒》中所說的：「我不知道有什麼會比一個人能下定決心提高他的生活能力更令人振奮的了……如果一個人，能充滿信心地朝他理想的方向努力，下定決心過他所想過的生活，他就一定會得到意外的成功。」

在這一節結束的時候，我要再重復一次柯瑞爾博士的那句話——

「不知道怎樣抗拒憂慮的人，都會短命。」

我希望這本書的每一個讀者能把這句話記在心中。柯瑞爾博士是否在說你呢？很可能是的。

4．憂慮分析與消除法

如果我們把憂慮的時間用來分析和看清事實，那麼憂慮就會在我們智慧的光芒下消失。前面提到的威利．卡瑞爾的萬能公式，能否解決令你煩惱憂慮的所有問題呢？當然不可能。

那麼應該怎麼辦呢，答案是：我們一定要掌握以下三個分析問題的基本步驟，來解決各種不同的困難。這三個步驟是：

1．看清事實。

2．分析事實。

3．做出決定—然後照辦。

太簡單了吧？不錯，這是亞里士多德教的。他也使用過。我們如果想解決那些逼迫我們，使我們像日夜生活在地獄一般的憂慮問題，我們就必須運用它。

我們先來看第一條：看清事實。看清事實為什麼如此重要呢？因為除非我們能把事實看清楚，否則就不能很聰明地解決問題。看不清事實，我們就只能在混亂中摸索。這是已故的哥倫比亞大學哥倫比亞學院院長郝伯特・赫基斯所說的，他曾協助過20萬個學生消除憂慮。他告訴我說：「混亂是產生憂慮的主要原因。」他說，世界上的憂慮，大多數是因為人們沒有足夠的知識做出決定而產生的。「比如說，我有一個問題必須在下星期二以前解決，那麼在下星期二之前，我根本不會試圖做出什麼決定。在這段時間裡，我只是集中精力去尋找有關這個問題的所有事實，因此我不會憂慮，不會失眠。等到星期二，如果我已經看清了所有的事實，一般說來，問題本身就會迎刃而解了。」

我問赫基斯院長，這是否表明他已完全擺脫憂慮？他說：「是的，我想我現在生活裡完全沒有憂慮。我發覺，一個人如果能夠把他所有的時間都花在以一種很超然、很客觀的態度去看清事實上，他的憂慮就會在他知識的光芒下消失得無影無蹤。」

可是我們大多數人會怎樣做呢？如果我們一直假定2＋2＝5。那不是連做一道二年級的算術題也有困難了嗎？可是事實上世界上有很多很多人，硬是堅持說2＋2＝5——或者是等於500——害得自己和別人的日子都很不好過。

對此，我們能怎麼辦呢？我們得把感情成分擯棄於思想之外，就像郝基斯院長所說的。我們必須以「超然、客觀」的態度去認清事實。人們憂慮的時候，往往情緒激動。不過，我找到兩個辦法有助於我們以清晰客觀的看清所有的事實：

1．在蒐集事實時，我假裝不是在為自己，而是在為別人。這樣就可以保持冷靜而超然的態度，也可以幫助自己控制情緒。

2．在蒐集造成憂慮的各種事實時，我也蒐集對自己不利的事實——那些有損我的希望，和我不願意面對的事實。

然後我把這一邊和另外一邊的所有事實都寫出來——而真理就在這兩極的中間。

這就是我要說明的要點。如果不先看清事實的話，你、我、愛因斯坦，甚至全美國最高法院，也無法對任何問題做出很聰明的決定。愛迪生很清楚這一點。他死後留下了二千五百本筆記本，裡面記滿了他面臨各種問題的事實。

所以，解決我們問題的第一個辦法是：看清事實，在沒有以客觀態度蒐集全部事實之前，不要先考慮如何解決問題。不過，即使把全世界所有的事實都蒐集起來，如果不加以分析，對我們也沒有絲毫好處。

根據我個人的體會，先把所有的事實寫下來。再做分析，事情就會容易得多。實際上，單是在紙上把問題明明白白地寫出來，就可能有助於我們做出一個合理的決定。正如查爾斯·吉特林所說的：「只要能把問題講清楚，問題就已經解決了一半。」

就拿格蘭·李奇菲來說，他是一個在遠東地區非常成功的美國商人。一九四二年，日軍侵入上海，李奇菲先生正在中國。他告訴我說——

日軍轟炸珍珠港後不久就占領了上海。我當時是上海亞洲人壽保險公司的經理。日軍派來一個所謂『軍方的清算員』——實際上他是個海軍上將——命令我協助他清算我們的財產。我一點辦法也沒有，要麼就和他們合作，要麼就是死路一條。

我開始遵命行事，因為我別無他法。不過有一筆大約75萬美元的保險費，我沒有填在那張要交出去的清單上，因為這筆錢用於我們的香港公司，跟上海公司的資產無關。不過，我還是怕萬一日本人發現此事，我的處境會非常不利。他們果然很快就發現了。

他們發現時我不在辦公室，我的會計主任在場，他告訴我說，那個日本海軍上將大發脾氣，拍桌子罵人，說我是個強盜，是個叛徒，說我侮辱了日本皇軍。我知道這是什麼意思，知道我會被他們抓進憲兵隊去。

憲兵隊，就是日本祕密警察的行刑室。我有幾個朋友就是寧願自殺也不願意被送到那個地方去。有些朋友在那裡被審訊了十天，受盡苦刑，慘死在那個地方。現在我自己也要進憲兵隊了。

星期天下午聽到這個消息後，我非常緊張。多年來，每當我擔心的時候，總坐在打字機前，打下兩個問題及其答案。兩個問題是：

1．我擔心的是什麼？

2．我該怎麼辦？

過去我都不把答案寫下來，只在心裡琢磨。後來我發現同時把問題和答案都寫下來，能使思路更加清晰。所以，在那個星期天下午，我直接回到上海基督教青年會的住處，取出我的打字機，打下：

1．我擔心的是什麼？

（我怕明天早上會被關進憲兵隊裡。）

2．我該怎麼辦呢？

我花了幾個小時想著這個問題，寫下了四種可能採取的行動以及後果。

1‧我可以去向日本海軍上將解釋。可是他『不懂英文』，如果找個翻譯來跟他解釋，會使他更加惱火，我就只有死路一條了。

2‧我可以逃走。這點是不可能的，他們一直在監視我，如果打算逃走的話，很可能被他們抓住而槍斃掉。

3‧我可以留在我的房間裡不再去上班。但如果我這樣做，那個海軍上將很可能會起疑心，也許會派兵來抓我，根本不給我說話的機會就把我關進憲兵隊了。

4‧星期一早上，我照常上班。那個海軍上將可能正在忙著，忘掉了那件事。即使他還記得，也可能已經冷靜下來，不再找麻煩。即使他來吵，我仍然還有個機會解釋。

我前思後想，決定採取第四個辦法——像平常一樣星期一早上去上班，然後，我鬆了口氣。

第二天早上我走進辦公室時，那個日本海軍上將就坐在那兒，叼根香煙，像平常一樣地看了我一眼，什麼話也沒說。六個星期後他被調回東京，我的憂慮就此告終。

這完全歸功於那個星期天下午我坐下來寫出各種不同的情況及其後果，然後鎮定地做出決定。如果我當時遲疑不決、心亂如麻，就會在緊要關頭走錯一步。僅是滿面驚慌和愁容就可能引起那個日本海軍上將的疑心，促使他採取行動：

採取以下四個步驟，就能消除我90％的憂慮：

1．清楚地寫下我所擔心的是什麼？

2．寫下我可以怎麼辦。

3．決定該怎麼辦。

4．馬上就照決定去做。

里蘭．李奇菲誠懇地告訴我：他的成功應歸功於這種分析憂慮、正視憂慮的方法。他的方法為什麼這麼好呢？因為它有效而又直攻問題的核心。而最重要的是第三步，也是最不可缺少的一步。決定該怎麼做，除非我們能夠立即採取行動，否則我們蒐集事實和加強分析都失去了作用——變得純粹是一種精力的浪費。

威廉．詹姆斯說：「一旦做出決定，當天就要付諸實施，同時要完全不理會責任問題，也不必關心後果。」（在這種情況下，他無疑把「關心」當作是「焦慮」的同義詞。）他的意思是，一旦你以事實為基礎，做出一個很謹慎的決定，就立即付諸行動，不要停下來再重新考慮；不要遲疑、擔憂和猶豫；不要懷疑自己；不要回頭看。

我問一位奧克拉荷馬州最成功的石油商人懷特．菲利浦，如何把決心付諸行動。他回答說：「我發現，如果超過某種限度之後，還一直不停地思考問題的話，一定會造成混亂和憂慮。當調查和多加思考對我們無益的時候，也就是我們該下決心、付諸行動、不再回頭的時候。

你何不馬上利用格蘭・李奇菲的方法來解除你的憂慮呢？

第一個問題——我擔憂的是什麼？

第二個問題——我能怎麼辦？

第三個問題——我決定怎麼做？

第四個問題——我什麼時候開始做？

5．如何減少工作上的憂慮

我們常花一兩個小時開會討論問題，卻沒有人明白真正的問題是什麼。

如果你是個生意人，也許會認為：「這個標題真荒謬。我幹這行已經十幾年了，居然有人想要告訴我怎麼消除生意上50％的麻煩——簡直是荒謬絕倫。」

這話一點也不錯。如果我在幾年前看到這樣的標題，也會有這樣的感覺。這個標題好像能幫助你，實則不值一文。

讓我們開誠布公吧。也許我的確不能幫你解決生意上50%的憂慮，從我剛才分析的結果來看，除了你自己，沒有人能做到這一點。可是，我所能做到的是，讓你看看別人是怎樣做的，剩下的就要看你了。

前面曾經提過世界著名的亞力西斯・柯瑞爾博士的這句話，「不知道怎樣克服憂慮的人，都會短命。」

既然憂慮的後果如此嚴重，那麼，如果我能幫助你消除——即使是其中的10%，你也許會滿意。我下面就要告訴你一位企業家，如何不只消除了他50%的憂慮，還節省了70%過去用於開會、用於解決生意問題的時間。

當然，我不會告訴你那些根本無法證實的事情，這件事情的主角是一個活生生的人——里昂・胥孟津。多年來，他一直是西蒙出版社幾個高層單位的主管之一，現任紐約州紐約市袖珍圖書公司的董事長。

下面就是他的經驗——

15年來，我幾乎每天都要花一半的時間開會和討論問題。會上大家很緊張，坐立不安、走來走去，彼此辯論、繞圈子。一天下來我感到筋疲力盡。如果有人對我說我可以減去開會時間的四之分三，可以消除四之分三的神經緊張，我一定會認為他是癡人說夢。可是我卻制定出一個恰好能做到這一點的方案。這個辦法我已經用了8年。它對我的辦事效率、我的健康和我的快樂，都有意想不到的好處。

下面就是我的祕訣：

第一、我立即停止15年來我們會議中所使用的程序——我那些很惱火的同事先把問題的細節報告一遍，然後再問：『我們該怎麼辦？』第二、我訂下一個新的規矩——任何一個想要把問題給我的人必須先準備好一份書面報告，回答以下四個問題：

1‧究竟出了什麼問題？

（以前我們常常花上一兩個小時，還沒人弄清楚真正的問題在哪裡。）

2‧問題的起因是什麼？

（我非常吃驚地發現我浪費了很多時間，卻沒能清楚地找出造成問題的基本情況是什麼。）

3‧這些問題可能有哪些解決辦法？

（過去會上一個人建議採用一種方法，另一個人會跟他辯論。辯論常常跑題，開完會也拿不出幾種辦法。）

4‧你建議用哪種辦法？

（過去開會總是花幾個小時為一種情況擔心，不斷地繞圈子，從未想過最可行的方法，然後寫下來：這是我建議的解決方案。）

現在，我的部下很少把問題拿上來了。因為他們發現，在認真地回答了上述四個問題之後，最妥當的方案就會像麵包從烤箱中自動跳出來一樣。即使非討論不可、所花時間也不過是過去的三分之一，因為討論的過程有條理而且合乎邏輯，最後都能得到很明智的結論。

法蘭克・畢吉爾，這位美國保險業的巨子，運用類似方法，不僅消除了煩惱，而且增加了收入。他說：

我剛開始推銷保險的時候，對自己的工作充滿了熱情。後來發生了一點事，使我非常氣餒。我開始看不起我的職業，幾乎都要辭職了——可是我突然想到一件事，在一個星期六的早晨，我坐下來。想找出我憂慮的根源。

1・我首先問自己：『問題到底是什麼？』我的問題：我拜訪過那麼多人，戰績卻不理想。我和顧客談得好好的，可最後快要成交時，他們就對我說：『我再考慮考慮，下次來再說吧。』我又得花時間去找他，這使我覺得很頹喪。

2・我問自己：『有什麼可行的解決辦法？』回答之前，我當然得先研究一下過去的情況。我拿出過去12個月的記錄本，仔細看看上面的數字。

我吃驚地發現，我所賣的保險，有70％是在第一次見面時成交的；另外有23％是在第二次見面時成交的；只有7％，是在第三、第四、第五次……才成交。實際上，我的工作時間，幾乎有一半都浪費在那7％的業務上了。

3．那麼答案是什麼呢？很明顯：我應該立刻停止第二次以後的拜訪，空出的時間用於尋找新的顧客。結果令人大吃一驚：在很短的時間內，我就把平均每次賺2.70元錢的成績提高到了4.27元。」

法蘭克・畢吉爾現在每年接進的保險業務都在一百萬美元以上。可是他曾經想放棄他那份工作，幾乎就要承認失敗。結果呢，分析問題使他走上成功之路。

下面再列一下這幾個問題，看看你是否也能應用它們：

1．問題是什麼？

2．問題的成因是什麼？

3．可能解決問題的方法有哪些？

4．你建議用哪一種方法？

6．把憂慮從你的思想中趕走

在圖書館、實驗室從事研究工作的人，很少因憂慮而精神崩潰，因為他們沒有時間去享受這種「奢侈」。

我班上有個叫馬利安．道格拉斯的學生告訴我，他家裡曾遭受過兩次不幸。第一次，他失去了五歲的女兒，一個他非常愛的孩子。他和妻子都以為他們沒有辦法承受這個打擊。更不幸的是，「10月後，我們又有了另外一個女兒——而她僅僅活了5天」。

這接二連三的打擊使人幾乎無法承受，這位父親告訴我：

「我睡不著，吃不下，無法休息或放鬆，精神受到致命的打擊，信心喪失殆盡。吃安眠藥和旅行都沒有用。我的身體好像被夾在一把大鉗子裡，而這把鉗子愈夾愈緊。」

「不過，感謝上帝，我還有一個4歲的兒子，他教給我們解決問題的方法。一天下午，我呆坐在那裡為自己難過時，他問我：『爸，你能不能給我造一條船？』我實在沒興趣，可這個小傢伙很纏人，我只得依著他。

「造那條玩具船大約花費了我3個小時，等做好時我才發現，這3個小時是我許多天來第一次感到放鬆的時候。

「這一發現使我大夢方醒，使我幾個月來第一次有精神去思考。我明白了，如果你忙著做費腦筋的工作，你就很難再去憂慮了。對我來說，造船就把我的憂慮整個沖垮了，所以我決定使自己不斷地忙碌。

「第二天晚上，我巡視了每個房間，把所有該做的事情列成一張單子。有好些小東西需要修理，比方說書架、樓梯、窗簾、門把、門鎖、漏水的龍頭等等。兩個星期內，我列出了242件需要做的事情。

「從此，我使我的生活中充滿了啟發性的活動：每星期兩個晚上我到紐約市參加成人教育班，並參加了一些小鎮上的活動。現在任校董事會主席，還協助紅十字會和其他機構的募捐，我現在忙得簡直沒有時間去憂慮。

沒有時間憂慮，這正是邱吉爾在戰事緊張到每天要工作18個小時時說的。當別人問他是不是為那麼重的責任而憂慮時，他說：「我太忙了，我沒有時間憂慮。」

查爾斯·柯特林在發明汽車自動點火器時也碰到過這種情形。柯特林先生一直是通用公司的副總裁，負責世界知名的通用汽車研究公司，可是當年他卻窮得要用穀倉裡堆稻草的地方做實驗室。家裡的開銷全靠他妻子教鋼琴的一千五百美元酬金。我問他妻子在那段時間是否很憂慮，她說：「是的，我擔心得睡不著。可是柯特林先生一點也不擔心，他整天埋頭工作，沒有時間憂慮。」

偉大的科學家巴斯特曾說：「在圖書館和實驗室能找到平靜。」因為在那裡，人們都埋頭工作，不會為自己擔憂。做研究工作的人很少有精神崩潰的，因為他們沒有時間來享受這種奢侈。

心理學有一條最基本的定理：不論一個人多聰明，都不可能在同一時間內想一件以上的事情。如果你不相信，請靠坐在椅子上閉起雙眼，試著同時去想自由女神和你明天早上準備做的事情。

你會發現你只能輪流想其中的一件事，而不能同時想兩件事情。你的情感也是如此。我們不可能既激動、熱誠地想去做一些很令人興奮的事情，又同時因為憂慮而拖延下來。一種感覺會把另一種感覺趕出去。這個簡單的發現，使軍隊的心理治療專家在戰爭中創造出這方面的奇蹟。

一些從戰場上退下來的人常患有「心理上的精神衰弱症」，軍醫就用「讓他們忙著」來治療。除睡覺外，每一分鐘都讓他們活動：釣魚、打獵、打球、拍照、種花以及跳舞等，根本不讓他們有時間去回想他們那些可怕的經歷。

「職業性的治療」是近代心理醫學所用的名詞，也就是把工作當成治病的藥。這種方法古希臘的醫生在公元前五百年，就已經採用了。

富蘭克林時代，費城教友會也用這種辦法。一七七四年有人去參觀教友會的療養院，發現那些患有精神病的病人正忙著紡紗織布後很吃驚，他認為病人在被迫勞動——後來教友會的人向他解釋說，他們發現那些病人只有在工作時，病情才能真正有所好轉，因為工作能安定神經。

著名詩人亨利・朗費羅的妻子不幸燒傷而去世後，他幾乎發瘋。幸好他有三個幼小的孩子需要他照料。父兼母職，他帶他們散步，給他們講故事，和他們一起嬉戲，並把他們父子間的感情永存在《孩子們的時間》一詩裡。他還翻譯了但丁《神曲》。忙碌使他重新得到了思想的平靜。就像班尼生在最好的朋友亞瑟・哈蘭死的時候，曾經說過：「我一定要讓自己沉浸在工作裡，否則我就會因絕望而煩惱。」

我們不忙的時候，頭腦裡常常會成為真空。這時，憂慮、恐懼、憎恨、嫉妒和羨慕等情緒就會填充進來，進而把我們思想中平靜的、快樂的成分都趕出去。

對大多數人來說，在做日常工作、忙得團團轉的時候，「沉浸在工作中」大概不會有多大問題。可是，下班之後——就在我們能自由自在地享受優閑和快樂的時候——憂慮的惡魔就會開始向我們進攻。這時候，我們常常開始想，我們的生活中有哪些成就，我們的工作有沒有上軌，上司今天說的那句話是否有「特殊的含義」，或者，我們的頭發是否開始禿了……

我們不忙的時候，頭腦裡常常出現真空狀態。每一個學物理的學生都知道，「自然界中沒有真空狀態。」一個白熱的燈泡一打破，空氣就立刻鑽進去，填上理論上說來是真空的那一塊空間。

你的頭腦空閑下來，也會有東西進去填空。是什麼呢？通常都是你的感覺，為什麼呢？因為憂慮、懼怕、憎恨、嫉妒和羨慕等等情緒，都是由我們的思想所控制的，它們會把我們思想中所有平靜的、快樂的情緒都趕出去。

詹姆斯・馬歇爾是哥倫比亞師範學院教育學的教授，他在這方面說得很好：「憂慮最能傷害你的時候，不是在你有所行動的時候，而是在一天的工作結束以後。這時你的想像力開始混亂，使你把每一個小錯誤都加以誇大。你的思想就像一輛沒有裝貨的車子橫衝直撞，撞毀一切，直至把自己也撞成碎片。消除憂慮的最好辦法，就是讓自己忙著做任何有意義的事情。」

不是大學教授的人也會明白這個道理，也能付諸實踐。第二次世界大戰時，我曾在火車上遇到了一對家住芝加哥的夫婦。他們告訴我，他們的兒子在珍珠港事變的第二天參加了陸軍。那位夫人每天擔心兒子的生命安全幾乎到了損害自己身體健康的地步。

我問她，後來是怎麼克服憂慮的呢？她回答說：「我讓自己忙著。」最初她把女傭辭退，想讓自己忙家務，可沒什麼效果。「原因是，我做家務時基本上是機械化的，完全不用腦子。所以當我鋪床、洗碟子的時候還是一直擔憂著。我發覺自己需要一個新的工作，使我在每天的每一個小時都讓整個身心忙碌不停。於是我到一個大百貨公司去做售貨員。」

「這下好了，」她說。「顧客擠在我四周，問我價錢、尺寸、顏色等問題，沒有一秒鐘能讓我去想工作以外的事情。晚上，我只想如何才能讓雙腳休息一下。每天吃完晚飯後，我倒頭便睡，既沒有時間，也沒有體力再去憂慮。」

約翰・考伯爾。伯斯在《忘記不快的藝術》一書中說，「舒適的安全感、內在的寧靜和因快樂而反應遲鈍的感覺，都能使人類在專心工作時精神鎮靜。」

世界最著名的女冒險家奧莎・強生。15歲結婚，25年來，與丈夫一起周遊世界各地，拍攝亞洲和非洲逐漸絕跡的野生動物的影片。九年前他們回到美國，到處做旅行演講，放映他們那些有名的電影。他們在飛往西岸時，飛機撞了山，她丈夫當場身亡，醫生們說她永遠不能再下床了。可是，三個月之後，她卻坐著輪椅發表演講。當我問她為什麼這樣做的時候，她說：「我之所以這樣做，是讓我沒有時間再去悲傷和擔憂。」

海軍上將拜德在覆蓋著冰雪的南極小茅屋裡單獨住了五個月，方圓百里之內，沒有任何一種生物存在。氣候寒冷，連他的呼氣都被凍住了。在《孤寂》一書中，他敘述了在既難熬又可怕的黑暗裡所過的那五個月的生活。他必須忙個不停才不至於發瘋。他說：「晚上熄燈之前，我就安排好第二天的工作。比如：一個小時去檢查逃生的隧道，半個小時去挖坑，兩個小時去修雪橇……能把時間分開安排，是非常有益的。它使我產生一種可以主宰自我的感覺。否則，日子就會過得沒有目的。而沒有目的，這些日子就會像平常一樣，最後變得分崩離析。」

我認識紐約的一個企業家，他用忙碌來趕走那些「胡思亂想」，使自己沒有時間去煩惱和憂慮。他叫屈伯爾•郎曼，也是我成人教育班的學生。他征服憂慮的經歷非常有意思，也非常特殊。所以，下課之後，我請他和我一起去吃夜消，我們在一家餐廳中坐到深夜，談著他的那些經歷。下面就是他告訴我的一個故事——

18年前，我因憂慮過度而患失眠症。當時我精神非常緊張，脾氣暴躁，而且很不穩定，我覺得我快要精神分裂了。

我如此憂慮是有原因的。我當時是紐約皇冠水果製品公司的財務經理。我們投資了50萬美元，把草莓包裝在一加侖裝的罐子裡。20年來，我們一直把這種一加侖裝的草莓賣給製造冰淇淋的廠商。後來有段時候，我們的銷售量大跌。那些大的冰淇淋製造商，像國家奶製品公司之類的，產量急遽增加。為了節省開支和時間，降低成本，他們都買36加侖一桶的桶裝草莓。

我們不僅無法銷售50萬美元的草莓，而且根據合約規定，在今後的一年之內，我們還必須繼續購買價值100萬美元的草莓。我們已經向銀行借了35萬美元，現在，既無法還清借債，也無法籌集到需要的款項，所以，我非常憂慮。

我趕到我們在加利福尼亞州華生維里的工廠裡，想要讓我們的總經理知道情況有所改變，我們可能面臨毀滅的命運。但他不肯相信，卻把這些問題的全部責任都歸罪於紐約的公司——那些可憐的業務人員身上。

經過幾天的請求之後，我終於說服他不再按舊的方式包裝草莓，而把新的製品放到舊金山的新鮮草莓市場上賣。這樣做大致解決了我們大部分問題。按說我不該再憂慮了，可是，我仍然無法做到這一點。憂慮是一種習慣，而我已染上了這種習慣。

回到紐約之後，我又開始為每一件事擔憂。對在意大利購買的櫻桃、在夏威夷購買的鳳梨等等，我都非常緊張不安，睡不著覺。就像我剛剛說過的那樣，我簡直就快要精神崩潰了。

在絕望中，我換了一種嶄新的生活方式，從而治好了我的失眠症，也使我不再憂慮。我盡量使自己忙碌，忙到我必須付出所有的精力和時間，以致沒有時間去憂慮。過去，我每天工作七個小時，現在我開始每天工作15到16個小時。我每天清晨8點就到辦公室，一直待到半夜。我承擔新的任務，負起新的責任。等我半夜回到家的時候，總是筋疲力盡地倒在床上，很快便進入夢鄉。

這樣過了差不多有三個月，我終於改掉憂慮的習慣，又重新回到每天工作七到八個小時的正常情形。這件事情發生在18年前，從那以後，我就沒有再失眠和憂慮過。

蕭伯納說得很好，他說：「讓人愁苦的祕訣就是，有空閑時間來想想自己到底快活不快活。」所以不必去想它。讓自己忙碌起來，你的血液就會開始循環，你的思想就會開始變得敏銳——讓自己一直忙著，這是世界上最便宜的一種藥，也是最好的一種。

要改掉你憂慮的習慣，第一條守則就是——

「讓自己不停地忙著。讓自己沉浸在工作裡，否則只有在絕望中掙扎。」

7．不要讓小事使你垂頭喪氣

人活在世上只有短短幾十年，卻浪費了很多時間，為一些一年之內就會忘了的小事發愁。給你講一個最富戲劇性的故事，主人公叫羅勃·摩爾——

「一九四五年3月，我在中南半島附近276英尺深的海下，學到了一生中最重要的一課。當時，我正在一艘潛水艇上。我們從雷達上發現一支日軍艦隊——一艘驅逐護航艦，一艘油輪和一艘布雷艦——朝我們這邊開來。我們發射了三枚魚雷，都沒有擊中。突然，那艘布雷艦直朝我們開來。（一架日本飛機，把我們的位置用無線電通知了它。）我們潛到150英尺深的地方，以免被它偵察到，同時作好應付深水炸彈的準備，還關閉了整個冷卻系統和所有的發電機器。

「三分鐘後，天崩地裂。六枚深水炸彈在四周炸開。把我們直壓海底——276英尺的地方。深水炸彈不停地投下，整整15個小時，有10～20個就在離我們50英尺左右的地方爆炸——若深水炸彈距離潛水艇不到17英尺的話，潛艇就會炸出一個洞來。當時，我們奉命靜躺在自己的床上，保持鎮定。我嚇得無法呼吸，不停地對自己說：『這下死定了……』潛水艇的溫度幾乎有100多度，可我卻怕得全身發冷，一陣陣冒冷汗。15個小時後攻擊停止了，顯然那艘布雷船用光了所有的炸彈後開走了。這15個小時，在我感覺好像有一千五百萬年。我過去的生活一一在眼前出現，我記起了做過的所有的壞事和曾經擔心過的一些很無聊的小事。我曾擔憂過，沒有錢買自己的房子，沒有錢買車，沒有錢給妻子買好衣服。下班回家，常常和妻子為一點芝麻事吵架。我還為我額頭上一個小疤——一次車禍留下的傷痕——發過愁。

「多年之前，那些令人發愁的事，在深水炸彈威脅生命時，顯得那麼荒謬、渺小。

我對自己發誓，如果我還有機會再看到太陽和星星的話，我永遠不會再憂愁了。在這15個小時裡，我從生活中學到的，比我在大學念四年書學到的還要多得多。」

我們一般都能很勇敢地面對生活中那些大的危機，卻常常被一些小事搞得垂頭喪氣。拜德先生也發覺了這一點。他手下的人能夠毫無怨言地從事危險而又艱苦的工作。「可是，我卻知道，有好幾個同房的人彼此不說話，因為懷疑別人把東西放亂，占了自己的地方。有一個講究空腹進食細嚼健康法的傢伙，每口食物都要嚼28次。而另一人一定要找一個看不見這傢伙的位子坐著，才吃得下去飯。」

權威人士認為，「小事」如果發生在夫妻生活裡，還會造成「世界上半數的傷心人」。芝加哥的約瑟夫・沙巴士法官，在仲裁過四萬多件不愉快的婚姻案件之後說到：「婚姻生活之所以不美滿，最基本的原因往往都是一些小事。」

羅斯福夫人剛結婚時「每天都在擔心，因為她的新廚師做得很差。」可是如果事情發生在現在，「我就會聳聳肩膀把這事給忘了。」好極了，這才是一個成年人的做法。就連最專制的凱瑟琳女皇，對廚師做壞了飯也只是付之一笑。

一次，我們到芝加哥一個朋友家吃飯，分菜時他有些小事沒有做好。大家都沒在意，可是他妻子卻馬上當著大家的面跳起來指責他：「約翰，你怎麼搞的！難道你就永遠也學不會分菜嗎？」她又對大家說：「老是一錯再錯，一點也不用心。」也許他確實沒有做好，可我真佩服他能和他的妻子相處20年之久。說心裡話，我寧願只吃一兩個抹上芥末的熱狗——只要能吃得舒服——也不願意一邊聽她囉嗦，一邊吃北京烤鴨。

不久，我和妻子邀請了幾個朋友來吃晚餐。客人快到時，妻子發現有三條餐巾和桌布顏色不配。她後來告訴我。「我發現另外三條餐巾送去洗了。客人已到門口，我急得差點哭了出來。為什麼會有這麼愚蠢的錯誤讓它毀了我整個晚上？我突然想到，為什麼要毀了我呢？我走進去吃晚飯，決心享用一番。我情願讓朋友們認為我是一個比較懶散的家庭主婦，也不願意讓他們認為我是一個神經質的脾氣不好的女人。而且，據我所知，根本沒有一個人注意到那些餐巾。」

大家都知道：「法律不會去管那些小事。」人也不應該為這些小事憂愁。

實際上，要想克服一些小事引起的煩惱，只要把看法和重點轉移一下就可以了——讓你有一個新的、開心點的看法。

我的朋友，作家荷馬・克羅伊告訴我，過去他在寫作的時候，常常被紐約公寓熱水燈的響聲吵得發瘋。「後來，有一次我和幾個朋友出去露營，當我聽到木柴燒得很旺時的響聲，我突然想到：這些聲音和熱水燈的響聲一樣，為什麼我會喜歡這個聲音而討厭那個聲音呢，回來後我告誡自己：火堆裡木頭的爆裂聲很好聽，熱水燈的聲音也差不多。我完全可以蒙頭大睡，不去理會這些噪音。結果，頭幾天我還注意它的聲音，可不久我就完全忘記了它。」

很多小憂慮也是如此。我們不喜歡一些小事，結果弄得整個人很沮喪。其實，我們都誇張了那些小事的重要性……

狄士雷里說：「生命太短促了，不要再只顧小事了。」

「這些話，」安德烈·摩瑞斯在《本周》雜誌中說：「曾經幫助我解決了很多痛苦的事情。我們常常因一點小事，一些本該不屑一顧的小事，弄得心煩意亂……我們生活在這個世界上只有短短的幾十年，而我們浪費了很多不可能再補回來的時間，去為那些一年之內就會忘掉的小事發愁。我們應該把我們的生活只用於去關注值得做的行動和感覺上。去想偉大的思想，去體會真正的感情，去做必須做的事情。因為生命太短促了，不該再顧及那些小事。」

名人吉布林和他舅舅打了維爾蒙有史以來最有名的一場官司。吉布林娶了一個維爾蒙的女子，在布拉陀布造了一所漂亮房子，準備在那安度餘生。他的舅舅比提·巴里斯特成了他最好的朋友。他們倆一起工作，一起遊戲。

後來，吉布林從巴里斯特手裡買了一點地，事先商量好巴里斯特可以每季度在那塊地上割草。一天，巴里斯特發現布吉林在那片草地上開了一個花園，他生起氣來，暴跳如雷，吉布林也反唇相譏，弄得維爾蒙綠山上的天都黑了。

幾天後，吉布林騎自行車出去玩時，被巴里斯特的馬撞在地上。這位曾經寫過「眾人皆醉，你應獨醒」的人也昏了頭，告了官，巴里斯特被抓了起來。接下去是一場很熱鬧的官司，結果使吉布林攜妻永遠離開了美國的家，而這一切，只不過為了一件很小的事——一車乾草。

哈瑞・愛默生講過這樣一個故事：「在科羅拉多州長山的山坡上，躺著一棵大樹的殘軀。自然學家告訴我們，它曾經有過四百多年的歷史。在它漫長的生命裡，曾被閃電擊中過14次，無數次狂風暴雨侵襲過它，它都能戰勝它們。但在最後，小隊甲蟲的攻擊卻使它永遠倒在地上。那些甲蟲從根部向裡咬，漸漸傷了樹的元氣。雖然它們很小，卻是持續不斷的攻擊。這樣一棵森林中的巨樹，歲月不曾使它枯萎，閃電不曾將它擊倒，狂風暴雨不曾將它動搖，卻因用大拇指和食指就能捏死的小甲蟲，終於倒了下來。」

我們不都像森林中那棵身經百戰的大樹嗎？我們也經歷過生命中無數狂風暴雨和閃電的襲擊，也都撐過來了，可是卻讓憂慮的小甲蟲咬噬——那些用大拇指和食指就可以捏死的小甲蟲。

幾年前。我和懷洛明州公路局局長查爾斯・西費德先生，以及其他朋友一起去參觀洛克菲勒在提頓國家公園中的一棟房子。我的車轉錯了一個彎，晚到了一個小時。西費德先生沒有鑰匙，所以他在那個又熱又有好多蚊子的森林中等了整整一個小時。我們到的時候，在多得可以讓聖人發瘋的蚊子中，西費德先生正在吹一支用折下的白楊樹枝做成的小笛子，當作一個紀念品，紀念一個不在乎小事的人。

要在憂慮毀了你之前，先改掉憂慮的習慣，第二條守則就是——

不要讓自己因為一些應該丟開和忘掉的小事煩惱，要記住：生命太短促了。

8．拒煩惱於門外

我小的時候，心中充滿了憂慮。我擔心會被活埋，我怕被閃電擊死，還怕死後會進地獄。我怕一個叫詹姆懷特的大男孩會割下我的耳朵——像他威脅過我的那樣，我怕女孩子在我脫帽向他們鞠躬時會取笑我，我怕將來沒有一個女孩子肯嫁給我……我常常花幾個小時在想這些「驚天動地」的大問題。

日子一年年過去了，我發現我所擔心的事情中，有99％根本就不會發生。現在我知道，無論哪一年，我被閃電擊中的機會，都只有三萬五千分之一。而活埋，即使是在發明木乃伊以前的日子裡——一千萬個人裡可能只有一個人被活埋。

每8人裡就有一個人可能死於癌症。如果我一定要發愁的話，也應該為得癌症發愁——而不該去發愁被閃電擊死或遭到活埋。

事實上，我們很多成年人的憂慮也同樣的荒謬。如果我們根據機率評估一下我們的憂慮究竟值得不值得，我們十分之九的憂慮就會自然消除了。

全世界最有名的保險公司——倫敦羅艾德保險公司——就靠大家對一些根本很難發生的事情的擔憂，而賺進了幾百萬元。它是在和一般人打賭，不過被稱之為保險而已。實際上，這是以機率為根據的一種賭博。這家大保險公司已經有200年的優良歷史了，除非人的本性會有所改變，它至少還可以繼續維持五千年。而它只是將你保鞋子的險，保船的險，利用機率來向你保證那些災禍發生的情況，並不像一般人想像的那麼常見。

如果我們查查機率，就常常會因我們所發現的事實而驚訝。比如，如果我知道在5年以內，我就得打一場蓋茨堡戰役那樣激烈的仗，我一定會嚇壞了。我一定會想盡辦法去增加我的人壽保險費用；我會寫下遺囑，把我所有的財產變賣一空。我會說：「我可能無法活著熬過這場戰爭。所以我最好痛痛快快地活著。」但事實上，50到55歲之間，每一千人中死去的人數和蓋茨堡戰役參戰的，十六萬三千名士兵，每一千人中陣亡的人數相等。

喬治・庫克將軍曾說：「幾乎所有的憂慮和哀傷，都來自人們的想像而並非來自現實。」當我回顧自己過去的幾十年時，我發現我的大部分憂慮也是這樣產生的。詹姆・

格蘭特告訴我，他的經驗也是如此。

每次當他從佛羅里達購買水果（如橘子）時，腦子裡常有些怪念頭，像「萬一火車失事怎麼辦？」「萬一水果滾得滿地都是怎麼辦？」、「萬一我的車過橋時那橋忽然塌了怎麼辦？」雖然這些水果都保過險，但他仍然擔心火車萬一晚點，他的水果賣不出去，他甚至懷疑自己因為憂慮過度得了胃潰瘍，因此去找醫生檢查。大夫告訴他，沒有別的毛病，就是過於緊張了。「這時我才明白了真相」，他說，「我開始捫心自問：『詹姆，這麼多年你處理過多少車水果？』答案是，『大概二萬五千多車吧。』我又問：『這麼多年裡有多少車出過車禍？』答案是：『嗷——大概有五部。』我接著問：『你知道這是什麼意思嗎？機率是五千分次一！那你還有什麼好擔心的呢？』從此，我發覺自己過去很傻。於是我再也沒有為『胃潰瘍』煩惱過了。」

埃爾·史密斯在紐約當州長時，常對政客說：「讓我們看看紀錄。」我們也可以學他的樣子，查一查以前的紀錄，看看我們這樣憂慮到底有沒有道理。這也正是當年佛萊德雷·馬克斯塔特害怕他自己躺在墳墓裡時所做的事情——

「一九四四年6月初，我躺在奧瑪哈海灘附近的一個散兵坑裡。我看看這個長方形的坑，對自己說：『這看起來就像一座墳墓。也許這就是我的墳墓呢。』晚上11點，德軍的轟炸機開始活動，炸彈紛紛落下，我嚇得人都僵住了。前三天晚上我根本沒合眼，到第四天還是第五天夜裡，我幾乎精神崩潰。我知道要是我不趕緊想辦法的話，我就會發瘋。於是我提醒自己，已經過了五個晚上了，而我還活得好好的。而且這一組人都活得好好的，只有兩個受了輕傷。而他們之所以受傷，並不是被德軍的炸彈炸到，而是被我們自己的高射炮碎片擊中，於是我在我的散兵坑上造了一個厚厚的木頭屋頂，使我不至於被碎彈片擊中。我告誡自己：『除非炸彈直接命中，否則我死在這個又深又窄的坑裡幾乎是不可能的。』接著我算出直接命中率不到萬分之一。這樣想了兩三夜之後，我平靜下來。後來就連敵機襲擊的時候，我也能睡得很安穩。」

美國海軍也常用機率所統計的數字來鼓勵士氣。曾當過海軍的克萊德・馬斯講過這樣一個故事：「當他和他船上的夥伴被派到一艘油船上的時候，他們都嚇壞了。這艘油輪運的都是高單位汽油，他們認為，如果油輪被魚雷擊中，他們必死無疑。可是，海軍單位立即發出了一些很準確的統計數字，指出被魚雷擊中的100艘油輪裡，有60艘油輪沒有沉到海中。而沉下海的40艘裡，也只有5艘是在不到5分鐘的時間沉沒的。知道了這些數字之後，船上的人都感覺好多了，我們知道我們有的是機會跳下船。根據機率看，我們不會死在這裡。」

要在憂慮毀了你之前，先改掉憂慮的習慣，第三條守則就是——

我現在擔心會發生的事，可能發生的機會究竟有多大？

9．面對無法避免的事實

對必然的事輕快地接受。就像楊柳承受風雨，水接受一切容器，我們也要承受一切事實。

我小時候，有一天和幾個朋友在一間荒廢的老木屋的閣樓上玩。在從閣樓往下跳的時候，我左手食指上的戒指勾住了一顆釘子，把我整根手指拉裂開了。當時我疼死了，也嚇壞了。等手好了以後，我沒有煩惱。接受了這個不可避免的事實。

現在，我幾乎根本就不會去想，我的左手只有四個手指頭。

我常常想起刻在荷蘭首都阿姆斯特丹的一間十五世紀教堂廢墟上的一行字：「事情是這樣，就不會是別的樣子。」

在漫長的歲月中，你我一定會碰到一些令人不快的情況，它們既是這樣，就不可能是別樣，我們也可以有所選擇。我們可以把它們當作一種不可避免的情況加以接受，並適應它；或者，我們讓憂慮毀掉我們的生活。

下面是我喜歡的威廉・詹姆斯所給的忠告：「要樂於承認事情就是如此，要能夠接受發生的事實，就是能克服隨之而來的任何不幸的第一步。」奧勒岡州的伊麗莎白・康黎經過許多困難，終於學到了這一點。

「在慶祝美軍在北非獲勝的那天，我被告知我的侄子在戰場上失蹤了。後來，我又被告知，他已經死了。我的悲傷無以復加。在此之前，我一直覺得生活很美好。我熱愛自己的工作，又費勁帶大了這個侄子。在我看來，他代表了年輕人美好的一切。我覺得我以前的努力，現在正在豐收……現在，我整個世界都粉碎了，覺得再也沒有什麼值得我活下去了。我無法接受這個事實，悲傷過度，決定放棄工作，離開家鄉，把我自己藏在眼淚和悔恨之中。

「就在我清理桌子，準備辭職的時候，突然看到一封我已經忘了的信——幾年前我母親去世後這個侄子寄來的信。那信上說：『當然，我們都會懷念她，尤其是你。不過我知道你會支撐下去的。我永遠也不會忘記那些你教我的美麗的真理，永遠都會記得你教我要微笑。要像一個男子漢，承受一切發生的事情。』

「我把那封信讀了一遍又一遍，覺得他似乎就在我身邊，彷彿對我說：『你為什麼不照你教給我的辦法去做呢？支撐下去，不論發生什麼事情，把你個人的悲傷藏在微笑下，繼續過下去。』

「於是，我一再對自己說：『事情到了這個地步，我沒有能力去改變它，不過我能夠像他所希望的那樣繼續活下去。』我把所有的思想和精力都用於工作，我寫信給前方的士兵——給別人的兒子們晚上，我參加了成人教育班——找出新的興趣，結交新的朋友。我不再為已經永遠過去的那些事悲傷。現在我的生活比過去更充實、更完整。」

已故的喬治五世，在他白金漢宮的房子裡掛著下面這幾句話，「教我不要為月亮哭泣，也不要因事後悔。」

叔本華也說：「能夠順從，就是你在踏上人生旅途中最重要的一件事。」

顯然，環境本身並不能使我們快樂或不快樂，而我們對周圍環境的反應才能決定我們的感覺。

必要時，我們都能忍受災難和悲劇，甚至戰勝它們。我們內在的力量堅強得驚人，只要我們肯加以利用，它就能幫助我們克服一切。

已故的布斯·塔金頓總是說：「人生的任何事情，我都能忍受，只除了一樣，就是瞎眼。是我永遠也無法忍受的。」然而，在他六十多歲的時候，他的視力減退，一隻眼幾乎全瞎了，另一隻眼也快瞎了。他最害怕的事終於發生了。塔金頓對此有什麼反應呢？他自己也沒想到他還能覺得非常開心，甚至還能運用他的幽默感。當那些最大的黑斑從他眼前晃過時，他卻說：「嘿，又是老黑斑爺爺來了，不知道今天這麼好的天氣，它要到哪裡去？」

塔金頓完全失明後，他說：「我發現我能承受我視力的喪失，就像一個人能承受別的事情一樣。要是我五個感官全喪失了，我也知道我還能繼續生活在我的思想裡。」

為了恢復視力，塔金頓在一年之內做了12次手術，為他動手術的就是當地的眼科醫生。他知道他無法逃避，所以唯一能減輕他受苦的辦法，就是爽爽快快地去接受它。他拒絕住在單人病房，而住進大病房，和其他病人在一起。他努力讓大家開心。動手術時他盡力讓自己去想他是多麼幸運。「多好呀，現代科技的發展，已經能夠為像人眼這麼纖細的東西做手術了。」

一般人如果要忍受12次以上的手術和不見天日的生活，恐怕都會變成神經病了。可是這件事教會塔金頓如何忍受，這件事使他了解，生命所能帶給他的，沒有一樣是他能力所不及而不能忍受的，我們不可能改變那些不可避免的事實，可是我們可以改變自己。我自己就試過。一次，我拒絕接受我所碰到的一個不可避免的情況，結果，我好幾夜失眠，痛苦不堪。我讓自己想起所有不願意想的事，經過一年這樣的自我虐待，我終於接受了我早就知道的不可能改變的事實。

我應該在好幾年前，就吟出惠特曼的詩句：「哦，要像樹和動物一樣，去面對黑暗、暴風雨、饑餓、愚弄、意外和挫折。」

我並不是說，碰到任何挫折時，都應該低聲下氣，那樣就成為宿命論者了。不論在哪種情況下，只要還有一點挽救的機會，我們就要奮鬥。可是當常識告訴我們，事情是不可避免的——也不可能再有任何轉機，那麼為了保持理智，我們就不要「左顧右盼，無事自憂」。

寫這本書的時候。我曾採訪過一些美國著名的商人。給我印象最深的是，他們大都有能力接受無力避免的局面，這樣就能過無憂無慮的生活。假如他們沒有這種能力，他們就會全被過大的壓力壓垮。下面是幾個很好的例子。

創辦了遍布全美國連鎖商店的潘尼告訴我：「哪怕我所有的錢都賠光了，我也不會憂慮，因為我看不出憂慮可以讓我得到什麼。我盡可能把工作做好，至於結果就要看老天爺了。」

汽車大王亨利・福特也告訴我一句類似的話：「碰到沒法處理的事情，我就讓他們自己去解決。」

克萊斯勒公司總經理凱樂先生說：「如果我碰到很棘手的情況，只要想得出辦法解決的，我就去做。要是做不成的，就乾脆忘了。我從不為未來擔心，因為沒人知道未來會發生什麼事情，而影響未來的因素太多。何必為它們擔心呢？」

如果你說凱樂是個哲學家，他一定會非常困窘，因為他只是個出色的商人。但他這種想法，和古羅馬的大哲學家伊匹托塔斯的理論差不多，他告誡羅馬人：「快樂之道不是別的，就是不去為力所不及的事情憂慮。」

莎拉・班哈特，可算是深通此道的女子了。50年末，她一直是四大州劇院獨一無二的皇后，深受世界觀眾喜愛。她在71歲那年破產了，而且她的醫生波基教授告訴她必須把腿鋸斷。他以為這個可怕的消息一定會使莎拉暴跳如雷。可是，莎拉看了他一眼，平靜地說：「如果非這樣不可的話，那只好這樣了。」

她被推進手術室時，她的兒子站在一邊哭。她卻揮揮手，高高興興地說：「不要走開，我馬上就會回來。」去手術室的路上，她背她演過的台詞給醫生、護士聽，使他們高興，「他們受的壓力可大得很呢！」手術完成，健康恢復後，莎拉·班哈特還繼續周遊世界，使她的觀眾又為她風靡了7年。

沒有人能有足夠的情感和精力，既抗拒不可避免的事實，又創造一個新的生活。你只能選擇一種，或者生活在那些不可避免的暴風雨之下彎下身子，或者抗拒它而被折斷。日本的柔道大師教育其學生「要像楊柳一樣地柔順，不要像橡樹一樣挺直。」

知道汽車的輪胎為什麼能在路上支持那麼久，能忍受那麼多的顛簸嗎？起初，創造輪胎的人想要創造一種輪胎，能夠抗拒路上的顛簸。結果，輪胎不久就被切成了碎條。後來，他們製造了一種輪胎，可以吸收路上所碰到的各種壓力，可以「接受一切」。如果我們在多難的人生旅途上，也能承受各種壓力和所有顛簸的話，我們就能活得更長久，就能享受更順利的旅程。

如果我們不吸收這些，而去反抗生命中所遇到的挫折的話，我們就會產生一連串內在的矛盾，我們就會憂慮、緊張、急躁而神經質。

如果再退一步，我們拋棄現實社會的不快，退縮到一個我們自己的夢幻世界裡，那麼我們就會精神錯亂了。有個叫威廉·卡賽柳斯的人講過下面這個故事：

「我加入海岸防衛隊不久，就被派到大西洋這邊管炸藥。我——一個賣小餅乾的店員，居然成了管炸藥的人！光是想到站在幾千幾萬噸ＴＮＴ上，就把我連骨髓都嚇得凍住了。我只接受了兩天的訓練，而我所學到的東西使我內心更加恐懼。

「我第一次承擔任務時，天又黑又冷，還起著霧。我奉命到新澤西州的卡文角輯碼頭負責船上的第五號艙。五個身強力壯而又對炸藥一無所知的碼頭工人，正將重二千～四千磅的炸彈往船上裝。每一個炸彈都包含一噸的ＴＮＴ，足夠把那條舊船炸得粉碎。我怕得不行，渾身發抖，嘴發乾，膝蓋發軟，心跳加速。可我又不能跑開，那就是逃亡，不但我會丟臉，我的父母也會臉上無光，而且我可能因為逃亡而被槍斃，我只能留下來。在擔驚受怕、緊張了一個多小時之後，我終於能運用常識考慮問題了。我對自己說：就算被炸著了，又怎麼樣？你反正也沒有什麼感覺了。這種死法倒也痛快，總比死於癌症要好得多。這工作不能不做，否則要被槍斃，所以還不如做得開心些。

「我這樣跟自己講了幾個小時後，開始覺得輕鬆了些。最後，我克服了自己的憂慮和恐懼，讓自己接受了那不可避免的情況。」

除了耶穌基督被釘在十字架以外，歷史上最有名的死亡是蘇格拉底之死了。即使一百萬年以後，人類恐怕還會欣賞柏拉圖對這件事所作的不朽的描寫——也是所有的文學作品中最動人的一章。雅典的一些人，對打著赤腳的蘇格拉底又嫉妒又羨慕，給他找出一些罪名，把他審問之後處以死刑。當那個善良的獄卒把毒酒交給蘇格拉底時，對他說道：「對必然的事，姑且輕快地去接受。」蘇格拉底確實做到了這一點。他以非常平靜而順從的態度面對死亡，那種態度幾乎已經可以算是聖人了。

「對必然的事，姑且輕快地接受。」這是在公元前三九九年說的。但在這個充滿憂慮的世界，今天比以往更需要這句話。

在過去的八年中，我專門閱讀了我所能找到的關於怎樣消除憂慮的每本書和每篇文章。在讀過這麼多報紙文章之後，你知道我所找到的最好的一點忠告是什麼嗎？就是下面這幾句——紐約聯合工業神學院實用神學教授雷恩賀・紐伯爾提供的無價禱詞——

請賜我沉靜，
去承受我不能改變的事；
請賜我勇氣，
去改變我能改變的。
請賜我智慧。
去判斷兩者的區別。

要在憂慮毀了你之前，先改掉憂慮的習慣，第四條守則是——

「接受無法改變的事實。」

10．為憂慮限制「到此為止」

如果我們以生活為代價，付給憂慮過多的話，我們就是傻子。

查爾斯．羅勃茲是一個投資顧問，他告訴我說：

「我剛從德克薩斯州到紐約來的時候，身上只有二萬美元，是朋友托我到股票市場投資用的。原以為我對股票市場懂得很多，可是我賠得一分也不剩。若是我自己的錢，我倒可以不在乎，可是我覺得把朋友的錢都賠光了是件很糟糕的事。我很怕再見到他們。可沒想到，他們對這件事不僅看得很開，而且還樂觀到不可想像的地步。

「我開始仔細研究我犯過的錯誤。下定決心要在再次進股票市場前先學會必要的知識。於是，我和一位最成功的預測專家波頓．卡瑟斯交上了朋友。他多年來一直非常成功，而我知道，能有這樣一番事業的人，不可能只靠機遇和運氣。

「他告訴我一個股票交易中最重要的原則：我在市場上所買的股票，都有一個到此為止的限度，不能再賠的最低標準。例如，我買的是50元一股的股票。我馬上規定不能再賠的最低標準是45元。這也就是說，萬一股票跌價，跌到比買價低5元的時候，就立刻賣出去，這樣就可以把損失只限定在5元之內。

「如果你當初購買得很精明的話，你的賺頭可能平均在10元、25元，甚至於50元。因此，在把你的損失限定在5元以後，即使你半數以上判斷錯誤，也還能讓你賺很多的錢。我馬上學會了這個辦法，它替我的顧客和我挽回了不知幾千幾萬元。

「後來我發現，『到此為止』的原則在其他方面也適用。我在每一件讓人憂慮和煩惱的事上，加一個『到此為止』的限制，結果簡直是太好了。

「我常和一個很不守時的朋友共進午餐。他總是在午餐時間已過去大半以後才來。我告訴他：『以後等你，到此為止，限制是10分鐘，要是你在10分鐘以後才到的話，咱們的午餐約會就算告吹——你來也找不到我。』

「我真希望在很多年以前就學會把這種限制用在我的缺乏耐心、我的脾氣、我的自我適應的欲望、我的悔恨和所有精神與情感的壓力上。我常常告誡自己：這件事只值得擔這麼一點點心，不能再多了。」

一百年前的一個夜晚，梭羅用鵝毛筆蘸著他自己做的墨水，在日記中寫道：「一件事物的代價，也就是我稱之為生活的總值，需要當場交換，或在最後付出。」

用另外一種方式說：如果我們以生活的一部分來付代價，而付得太多了的話，我們就是傻子。這也正是吉爾伯和蘇里文的悲劇。他們知道如何創做出歡快的歌詞和歌譜，可完全不知道如何在生活中尋找快樂；他們寫過很多使人非常喜歡的輕歌劇，可都無法控制自己的脾氣。蘇里文為他們的劇院買了一張新的地毯，吉爾伯看到賬單時大發雷霆。這件事甚至鬧到法院，從此兩人「老死不相往來」。蘇里文替新歌劇譜完曲後，就把它寄給吉爾伯，而吉爾伯填上詞後，再把它們寄回蘇里文。一次，他們必須一起到台上去謝幕，兩人就站在台的兩邊分別向不同的方向鞠躬。這樣才可以不必看見對方。他們就不懂得在他們彼此的不快中，訂下一個「到此為止」的最低限度，而林肯卻做到了這一點。

美國南北戰爭時，林肯的幾位朋友攻擊他的一些敵人，林肯卻說：「你們對私人恩怨的感覺比我要多，也許我的這種感覺太少了吧。可是，我一向認為這很不值得。一個人實在沒有必要把他半輩子的時間都花在爭吵上。如果那些人不再攻擊我，我也就不再記他們的仇了。」

我真希望伊迪絲姑媽也有林肯這種寬恕精神。她和法蘭克姑父住在一個抵押出去的農莊上。那裡土質很差，灌溉不良，收成又不好，所以他們的日子過得很緊，每分錢都要節省著用。可是，伊迪絲姑媽很喜歡買一些窗簾和其他小東西來裝飾家裡，為此她常向一家小雜貨鋪賒賬。法蘭克姑父很注重信譽，不願意欠債，所以他悄悄告訴雜貨店老板，不要再讓他妻子賒賬買東西。伊迪絲姑媽聽說後大發脾氣。這事至今差不多有50年了，她還在發脾氣。我曾經不止一次聽她說這件事。最後一次見到她時，她已經70多快80歲了。我對她說：「伊迪絲姑媽，法蘭克姑父這樣羞辱你確實不對。可是難道你不覺得，你已經埋怨了半個世紀了，這比他所做的事還要糟糕嗎？」（結果我這話說了還是等於白說。）伊迪絲姑媽為她這些不快的記憶也付了昂貴的代價，付出了半個世紀自己內心的平靜。

富蘭克林小的時候，犯了一次70年來一直無法忘記的錯誤。他7歲時看中了一支哨子。他興奮地跑進玩具店，把所有的零錢放在櫃台上，也不問價錢就把哨子買下了。70年後他在給一個朋友的信中寫道：「後來，我跑回家，吹著這支哨子，在房間裡得意地轉著。」他的哥哥姐姐發現他買哨子多付了錢，都來取笑他，「我懊惱得痛哭了一場。」

富蘭克林在這個教訓裡學到的道理非常簡單：「長大後，我見識了人類許多行為，認識到，許多人買哨子都付出了太多的錢。簡而言之，我確信人類的苦難，相當一部分產生於他們對事物的價值做出了錯誤的估計，也就是，他們買哨子多付了錢。」

托爾斯泰娶了一個他非常鍾愛的女子，他們在一起非常快樂。可是，他的妻子天生嫉妒心很強。常常窺測他的行蹤，他們時常爭吵得不可開交。她甚至嫉妒自己親生的兒女，曾用槍把女兒的照片打了一個洞。她還在地板上打滾，拿著一瓶鴉片威脅說要自殺，嚇得她的孩子們躲在房間的角落裡直叫。

如果托爾斯泰跳起來，把家具砸爛，我倒不怪他，因為他有理由這樣生氣。可是他做的事比這個要壞得多，他寫一本私人日記！這就是他的「哨子」。在那裡，他努力要讓下一代原諒他，而把所有錯都推到他妻子身上。他妻子如何對付他呢？她當然是把他的日記撕下來燒掉。她自己也寫了一本日記，把錯都推到托爾斯泰身上。她甚至還寫了一本小說，題目就叫《誰之錯》。在小說裡，她把丈夫描寫成一個破壞家庭的人，而她自己則是一個犧牲品。

結果，他們把唯一的家，變成了托爾斯泰自稱的「一座瘋人院」。這兩個無聊的人為他們的「哨子」付出了巨大的代價。

50年的光陰都生活在一個可怕的地獄裡，只因為兩人中沒有一個有頭腦說「不要再吵了」；只因為兩人都沒有足夠的價值判斷力，能夠說：「讓我們在這件事上馬上告一段落。我們是在浪費生命。讓我們現在就說『夠了』吧。」

不錯，我非常相信這是獲得內心平靜的祕訣之一——要有正確的價值觀念。

所以，要在憂慮毀了你之前，先改掉憂慮的習慣，第五條規則就是——

任何時候，只要我們感到挫折、煩惱時，要先停下來，問問自己：

1．我現在正在擔心的問題，和我自己有何關聯？

2．在這件令我憂慮的事情上，我應在何處設置「到此為止」的最低限度——然後把它整個忘掉。

3．我到底該付這個「哨子」多少錢？我所付的是否已超過了它的價值？

當你在為那些已經過去的事憂慮的時候，你不過是在鋸一些木屑。

我院子裡有一些恐龍的足跡——留在大石板和木頭上的恐龍的足跡。它們是我從耶魯大學皮氏博物館裡買來的。館長還來信介紹說，這些足跡是一萬八千萬年前留下的。就連白癡也不會想到去改變一萬八千萬年以前的足跡，而人的憂慮卻和這種想法一樣愚蠢：因為就算是180秒鐘以前所發生的事情，我們也不可能回過頭來糾正它。我們可以想辦法改變180秒鐘以前發生的事情所產生的影響，但無法改變當時所發生的事情。

唯一可以使過去的錯誤有價值的方法，就是很平靜地分析錯誤，從中吸取教訓——然後再把錯誤忘掉。

幾年前，我開辦了一個很大的成人教育補習班，很多城市設有分部，在維持費和廣告費上花了很多錢。當時我忙於上課，既沒有時間，也沒有心情去管理財務，而且我當時很天真，不知道應該有一個優秀的業務經理來安排各項支出。

過了差不多一年，我突然發現，雖然我們收入不少，但卻沒有獲得一點利潤。我本該立刻做兩件事。

第一，像黑人科學家喬治・華盛頓・卡佛爾在全部財產損失後所做的那樣，把這筆損失從腦子中抹去，然後再也不去提起。

第二，我應該認真分析錯誤，從中吸取教訓。

可是我一樣也沒有做。相反的，我開始發起愁來，一連幾個月都恍恍惚惚的，覺也睡不好。不但沒有從中學到東西反而接著又犯了一個規模稍小的同類錯誤。真是「教20個人怎樣做，比自己一個人去做，要容易得多。」

亞倫・山德士先生永遠記得他的生理衛生課老師保爾・布蘭德盈博士教給他的最有價值的一課。「當時我只有十幾歲，卻經常為很多事發愁，為自己犯過的錯誤自怨自艾。我老是在想我做過的事，希望當初沒有那麼做，我老是在想我說過的話，希望當時把話說得更好。

一天早晨，我們走進科學實驗室，發現保羅・布蘭德溫老師的桌邊放著一瓶牛奶。

真不知道那和他教的生理衛生課有什麼關係。突然，老師一把把那瓶牛奶打翻在水槽中，同時大聲喊道：『不要為打翻的牛奶而哭泣。』

然後，他把我們叫到水槽邊上說：『好好看看，永遠記住這一課。你們看牛奶已經漏光了。無論你怎麼著急，如何抱怨，也不能救回一滴了。只要先動點腦筋，先加以防範，那瓶牛奶就可以保住。可是現在已經太遲了——我們所能做到的，只是把它忘掉，去想下一件事。』

這次表演使我終生難忘。它教給我，只要有可能，就不要打翻牛奶。萬一牛奶打翻整個漏光時，就要把這件事徹底忘掉。」

「不要為打翻的牛奶而哭泣」是老生常談，卻是人類智慧的結晶。即使你讀過各個時代很多偉人寫的有關憂慮的書籍，你也不會看到比「船到橋頭自然直」和「不要為打翻的牛奶而哭泣」更有用的老生常談了。事實上，只要我們能多利用那些古老的俗語，我們就可以過一種近乎完美的生活。然而，如果不加以利用，知識就不是力量。本書的目的並非告訴你什麼新的東西，而是要提醒你注意那些你已經知道的事，鼓勵你把已經學到的那些東西加以應用。

已故的佛烈德・富勒・希德有一種能把古老的真理，用又新又吸引人的方法說出來的天分。有一次在大學畢業班講演時，他問道：「有誰鋸過木頭，請舉手。」大部分學生都舉了手。他又問：「有誰鋸過木屑？」沒有一個人舉手。

「當然，你們不可能鋸木屑。」希德先生說：「過去的事也是一樣，當你開始為那些已經做完的和過去的事憂慮的時候，你就是像在鋸那些木屑了。」

棒球老將康尼・馬克81歲時，我問他有沒有為輸了的比賽憂慮過。

「我過去常這樣。可是，我發現這樣做對我完全沒有好處，磨完的粉不能再磨，」他說：「水已經把它們沖到底下去了。」

杰克・鄧普塞在和我一起吃晚飯時，談起了他把重量級拳王的頭銜輸給金・童黎的那一仗。「……到了第十回合完了，我雖然還沒有倒下去，但臉已經腫了，而且有很多傷痕，兩隻眼睛幾乎無法睜開。……我看見裁判員舉起金・童黎的手，宣布他獲勝……我不再是世界拳王了，我在雨中往回走，穿過人群回到自己的屋裡……

「一年之後，我再次跟童黎比賽，結果仍是如此，我就這樣永遠完了。要完全不為此事發愁確實很困難，可我對自己說：『我不能生活在過去的陰影裡，我要承受這次打擊，不能讓它把我打倒。』」

於是，他努力忘掉失敗，集中精力為未來謀劃，他經營百老匯的鄧普賽餐廳和大北方旅館，他安排和宣傳拳擊賽，舉辦有關拳賽的各種展覽會。這樣，他既無時間也沒心思去為過去擔憂。「我現在的生活，比我在做世界拳王時要好得多。」

莎士比亞告訴我們：「聰明的人永遠不會坐著為自己的損失而悲傷，卻會很高興地去找出辦法來彌補創傷。」

我曾經到辛辛監獄去看過，那裡最令我吃驚的是：囚犯們看起來都和外面的人一樣快樂。監獄長告訴我，這些罪犯剛去時都心懷怨恨而且脾氣很壞。可是幾個月後，大部分聰明一點的人都能忘掉他們的不幸，安下心來適應他們的監獄生活。他還告訴我，有一個犯人過去在園林裡工作，他在監獄圍牆裡種菜種花時，還能唱出歌來，因為他知道，流淚是沒有用的。

當然，有了錯誤和疏忽都是我們的不對，可是，誰沒犯過錯呢？拿破侖在他所有重要戰役中也輸過三分之一。也許我們的平均紀錄比拿破侖還少呢。

何況，即使動用所有國王的人馬，也不能挽回已經過去的東西。

所以，第六條守則是——

「覆水難收，悔恨無盡。」

第4章

工作是人生最美好的事！

美國有一句老話，
活著就要做事（To be is to do），
這是成年人的使命、也是義務。
你可以問問退休的前輩什麼是他們人生最美的事，
他們一定會百分之百地回答——有工作的日子，
是人生最美好的時光！

1．活著不是只為了一口飯

——最近怎樣？

——老樣子，還不是每天混口飯吃吧！

事實上，現實中有很多人就是抱著這種想法，他們工作就是為了養家糊口。當然，人為糊口而生存，這並沒什麼不對，問題是，人活於世，除了養家糊口之外，應該有一個更高層次的追求，要有自己的理想與抱負。如果僅只為了供應自己的一張嘴，那恐怕與動物式的生存方式沒有什麼兩樣了。

首先，我們得弄清「糊口」與「抱負」之間的關係，從道理上講，「糊口」應該是一種前提、一種條件、一個根本。如果一個人連口都糊不了，卻整日空談什麼理想與抱負，這豈不令人好笑？因此，有的人說「工作就是為了糊口」，這件事並不可恥，但問題是，不能僅只為了「糊口」這一個單純目的，如果只是這樣，要飯的乞丐不也能「糊口」嗎？

但如果你希望自己這輩子有所成就，那就不應該僅為「糊口」為滿足，而應該有個抱負，把這個抱負變成你追求的目標，並不懈地努力實現。當然我們也不敢說，沒有「抱負」的人一輩子就「不怎麼樣」，有「抱負」的人就一定成就非凡！不過，但有一

點可以肯定，有抱負為並且努力去追求自己人生抱負的人，他所取得的成就比一個渾渾噩噩過日子的人一定更大，而且機會也更多，一個擁有抱負並努力追求的人會不斷去吸收新知，充實自己，力求成長，因此他們能比別人早一天實現自己的目標。

有一家男子美容院，他的顧客有的是從老遠跑到這兒來理髮的，因為那家美容院有一個手藝非常好的師傅。很多顧客都是透過朋友介紹而來的，而且很多時候都是客滿等候。由此我們可以看出那位師傅的手藝多麼值得顧客信賴。

後來，有位顧客在稍稍空閑時與那位師傅交談得知，他中學畢業就到理髮店當徒弟，當時也並不是特別喜歡理髮這個工作，但當時除了理髮不知還有什麼工作可做，於是就迷迷糊糊地一直混到當兵。退伍後一時找不到合意的工作，他又回到了原先的本行。眼看已經二十幾歲，有了「前途」的壓力，於是他為自己立下了一個目標——既然只得去幹理髮，那就得幹出點名堂，他要成為男子理髮業的佼佼者！從此，他每天工作的目標一下子有了很大的轉變，他不再是為糊口，打發時日，而是為了成為這個行業的傑出者。因此，除了實地見習之外，他還不斷蒐集相關書籍，甚至路上行人的髮型他都會仔細研究，簡直到了瘋狂的地步。

不到一年，他由助手升為師傅，並且很快就闖出名氣，幾乎每個客人都指名要求他剪、燙、吹。後來，他向親戚朋友借了點錢，開上了自己的男子美容院。

也許你會認為這是一個多麼平淡無奇的故事，但就是這麼一個小人物的平凡故事，告訴了我們一個很深刻的人生之理——一個人幹什麼這並不重要，關鍵是你在這個行當中幹得怎樣。俗話說，三百六十行，行行出狀元。

人不管做什麼事情，都得要有自己的目標、理想與抱負。

因此，當你剛剛走上社會，你要問問自己——

在這個行業中，我要成為一個什麼樣的人？

2．選好幸福之門

俗話說，「男怕入錯行，女怕嫁錯郎。」

可見一個人錯入某一行當的後果是相當嚴重的。

在古代，「嫁錯郎」似乎比「入錯行」還要嚴重，因為一個女人嫁錯了人又不能離婚，而如果「入錯行」倒還可以改行，也不會有什麼道德和社會規範的約束。不過現代社會恐怕是倒過來了，女人嫁錯了郎大不了離婚，而男人入錯了行則就難辦了，雖然可以轉行，但談何容易！

有一位大學畢業生，他所從事的工作也許令人感到十分意外——他是一家蔬菜公司

的搬運工人。當年他從學校畢業後去當兵。當兵退伍後又一時找不到工作，便經人介紹到蔬菜公司當臨時工，賺點零用錢。沒想到一幹就是幾個月，由於已經習慣了那種工作和周圍的環境，也就沒有積極去找別的工作，於是十多年以來，他一直幹著這一工作，而且已經年近四十，他更不想換工作了。他說：「換工作，誰會要我呢？我有什麼專長可以讓人用我？」於是他只好繼續在蔬菜公司當搬運工人。

從上面這個例子可以看出，一個人走上社會時的第一個職業選擇是十分重要的。也許客觀存在會影響你的一輩子。也許你可以說，當我在某一個行當幹得不願幹了，再換個行當不就解決了嗎？也許你可以做到，而絕大部分人是做不到的，因為一個人在某一行當工作久了，時間一長可能就習慣了，加上年紀一大，家庭負擔更重，便會失去轉行時面對新行業的勇氣；因為轉行就得從頭學習，重新開始，同時又怕影響自己和家庭的生活，另外，有些人心志磨損，只好做一天算一天；有時還會扯上人情的牽絆、恩怨的糾葛，種種複雜的原因，讓你真是感到——「人在江湖，身不由己！」

俗話說，三百六十行，行行出狀元。我們不能說哪個行業好，哪個行業就不好。既然如此，那為什麼還要建議提醒你：「千萬別入錯行」呢？

一、要找個自己真正喜歡的工作

找工作可不像穿衣服，可以隨便找件穿上，今天穿了明天再換。何況現代人穿衣也很講究呢！工作是一個人一輩子的大事，直接影響著自己的一生。因此找工作要睜亮眼，把定心，找個適合自己的工作，找你喜歡的工作，找個有發展前途的工作，千萬不要因為一時找不到工作、怕人恥笑而勉強去做自己根本不喜歡的工作！

二、轉行並不容易

找工作可不像進入超市選擇商品，你想要什麼就拿什麼。當你放棄以前的工作去找新的工作時，新的老闆會考慮你以前有無相關的經驗，你以前的業績等。當你以前幹的與想要尋找的工作毫不相干時，你就失去了一種優勢。再說，人總是有惰性的，即使你不喜歡某一工作，做了一兩個月之後，也許你習慣了，你就會被這種天生的惰性套牢，不想再換工作了，日復一日，不覺得三年五載已經過去，到你真正幹不下去而想轉行時，那就真正很難了。

三、千萬不要涉入非法行業

一個人如果真的入錯了行，但只要從事正業，這也可以維持。但有些行當是法律所不容忍的，它們是人生的陷阱與深淵，千萬不能掉入，否則你很難脫身，只有斷送自己的生命。

既然如此，那為什麼有些人還要從事這些不法行當呢？因為這種行業可能讓你致富，而且不那麼艱難。但事實上，一旦你進入這些黑行當，你就是在刀口上行走，你就面臨著警察的追緝、法律的制裁、同行的陷害，不吃牢飯不送命，也要被人看不起。浪子回頭金不換，談何容易，有些人因為黑飯吃慣了，最後還是回到本行……

四、良機不可失，歲月不饒人

當你確實發現自己真的「入錯行」，並有心轉行時，那就尋找新的良機。一旦找到機會，就當機立斷，鐵了心，毅然轉行，並在新的行當裡重新開始，立志有所作為。那種明知自己入錯了行，又前怕狼後怕虎的人，只能是徒自空嘆，虛度一生！

3．做自己擅長的事

世界上大多數人都是平凡人，但大多數平凡人都希望自己成為不平凡的人。夢想成功，才華獲得賞識，能力獲得肯定，擁有名譽、地位、財富。不過，遺憾的是，真正能做到的人，似乎總是不多。

如果你用心去觀察那些成功的人，幾乎都有一個共同的特徵：不論聰明才智高低與否，也不論他們從事哪一種行業、擔任何種職務，他們隨時保持積極進取的態度，十分看重自己的價值，對目標執著，並且絕對堅持到底。

除了當音樂家、畫家、運動員……多少必須依賴某些天賦才有可能做出一番成就的行當，絕大多數成就都是可以靠後天的訓練與努力得來的。

從很多例子可以發現，一個人的「成就」來自他對工作的專注的投入，無怨無悔地付出努力的代價，才能享受甘美的果實。

一位知名的經濟學教授曾經引用三個經濟原則做了貼切的比喻。

1．是「比較利益」原則——正如一個國家選擇經濟發展策略一樣，每個人應該選擇自己最擅長的工作，做自己專長的事，才會勝任愉快。換句話說，當你在與別人相比時，不必老是羨慕別人，你自己的專長對你才是最有利的，這就是經濟學強調的「比較利益」。

2．是「機會成本」原則——一旦自己做了選擇之後，就得放棄其他的選擇，兩者之間的取捨就反映出這一工作的機會成本，於是你了解到必須全力以赴，增加對工作的認真度。

3．是「效率」原則——工作的成果不在於你工作時間有多長，而是在於成效有多少，附加值有多高，如此，自己的努力才不會白費，才能得到適當的報償與鼓舞。境遇是自己開創的，成功乃是自己造就的。你不必看輕自己，你要相信你的能力是獨一無二的，你也許正在完成一件了不起的事，有朝一日，你或許真的可以變得「很不平凡」。

腳踏實地是獲致成功的另一法寶。每個人在年輕的時候都會立志，有的人想當科學家、發明家或者大文豪，個個看起來志向遠大。年輕人難免都會「崇拜偶像」，希望找到學習的典型，但不是每個人都能當科學家、大老闆。培養一技之長，一步一步去累積自己的個人資源，才是邁向成功的要素之一。

該花的心血一定要投入，該有的過程一定要經過。人生充滿變數，一個人的成敗與否，不單看他的資質，而要看他的毅力。人應該有夢想，否則就失去了奮鬥的目標與方向，但成功的條件必須日積月累地做好準備，你可以立志做大老闆，做大作家，但絕對不要躺在那裡——等待。

4．幹一行愛一行

我們每個人都希望引人注目，擁有自己的一席之地。那如何才能做到這一點呢？

其實只有兩個辦法：第一個是你賺了很多錢。只要你有錢，保證人人把你當成「大哥」。可是年輕人不大可能一踏入社會就賺大錢，絕大多數都要做好多年事，到了一定的年齡，才慢慢打下基礎，因此要靠「賺很多錢」來受到他人的注意、占有一定地位是需要很長時間的。第二個方法就是——盡快成為你那一行的專家！人能不能賺大錢和本事固然有關係，但也要機運來配合。換句話說，雖然你想賺大錢，但卻不一定賺得到。但「成為專家」這件事並不靠機遇，只要你肯下工夫，就有可能辦得到，並且真正受人注意與尊重，這樣自然在你那一行中占有一席之地。

因此，我們可以將以上兩點歸結為兩個字：「財」與「才」。沒有財運，那就培養自己的才氣吧！

這裡我們強調「盡快」，並沒有一定的時間限制，只是說要越早越好。二年不算短，五年也不能說長，完全看你個人的資質和客觀環境。雖然拖到四、五十歲才成為專家，也不能說晚，但總是慢了些！因為到了這個年齡，很多人也磨成專家了，那你還有什麼優勢？因此「盡快」兩個字的意思是——走上社會後入了行，就要毫不懈怠，竭盡全力地把你那一行弄清楚，並成為其中的佼佼者！如果你能這麼做，你很快就可以超越其他人！

一般來講，剛走入社會的年輕人心情還不是十分穩定，有的忙於玩樂，有的忙於談情說愛，真正把心事放在工作上的不是很多，很多人只是靠工作來維持生計，有心想成為「專家」的則更少了。別人在玩樂、優閒，這不正是你的好時機嗎？苦熬幾年下來，你累積了自己的實力，超乎眾人，他們再也追不上來，而這也就是一個人事業成就高低的關鍵！

那麼怎樣才能「盡快」在本行中成為「專家」呢？

你可以根據所學來選。如你沒有機會「學以致用」，「學非所用」也沒有關係，很多有成就的人所取得的成就與其在學校學的並沒太大關係。不過，與其根據學業來選，不如根據興趣來定。而不管根據什麼來選，甚至隨緣也好，一旦選定了這個行業，最好不要輕易轉行，因為這樣會讓你中斷學習，減低效果。每一行都有其苦和樂，因此你不必想得太多，關鍵的是要把精力放在你的工作之上！

行業選定之後，接下來要像海綿一樣，廣泛攝取、拼命吸收這一行業中的各種知識。你可以向同事、主管、前輩請教，加班不算錢也沒關係，這也是一種學習。

另外可以吸收各種報章、雜誌的信息，此外，專業進修班、講座、研討會也都可參加。也就是說，要在你所幹的這一行業中全方位地深度發展。

你可以把自己的學習分成好幾個階段，並限定在一定的時間內完成學習。這是一種壓迫式的學習方法，可逼迫自己向前進步，也可改變自己的習性，訓練自己的意志，效果相當好！然後，你可以開始展示自己學習的成果，你不必急於「功成名就」，但一段時間之後，假若你學有所成，並在自己的工作中表現出來，你必然會受到他人的注意！

當你成為專家後，你的身價必會水漲船高，也用不著你去自抬身價，而這也是你「賺大錢」的基本條件。因為你不一定能當老闆，但有了「專家」的條件，人人都會看重，怎麼說過個日子總是不成問題的！

不過，成了「專家」之後，你還必須注意時代發展的潮流，並不斷更新提高自我，否則，你又會像他人一樣原地踏步，你的「專家」之色也會褪了。

還是俗話說得好，活到老，學到老！

5．敬業不要理由

如果你已經踏入社會，並有些工作經驗，就會發現，不管是在哪個單位都有一種現象：有些人總是受人敬重，有些人就是被人看不起。那些被人看不起的人也許有少數人日後會出人意料地有所發展，但絕大多數人還是不怎麼樣，怎麼也被人看不起。

當你走上社會之後，工作就是你一生的重頭戲。你要靠工作來養家糊口，要在工作中發揮才能，實現自我。因此，當你走上工作崗位之後，一定要記住：別在工作上被人看不起！被人看不起雖然不一定會影響你的一生，但絕對不是件什麼好事，對你也不會有什麼積極的一面。

一般來講，在工作上被人看不起的人，大致有以下幾種——

一、混日子型

這種人不把工作當一回事，不但表現不積極，連犯錯也不在乎，他心裡總是想：「反正混一口飯吃」，他總是採取一種應變的態度：「此處不留人，自有留人處。」這種人讓人看不慣，可是他每天準時上下班，對人又客氣得要命，讓你抓不到他的小辮子。這種人自己好像過得很舒服，其實人家早在心底把他看輕了。

二、輕視工作型

這種人常說：「這工作有什麼了不起？」或是「這職位有什麼了不起？」一副懷才不遇的樣子。他看輕自己的工作和職位，既然不喜歡，可他又不走，這樣他的行為就刺激了其他兢兢業業工作的同事，於是他們也就看不起他了。

三、遲到早退型

每個人都免不了遲到早退，可是不能經常如此，雖然老闆有時不知道，但同事們卻會在乎，因為他們覺得不公平，可是他們又不願和你一樣遲到早退，同時也沒法說你，在拿你沒辦法的情況下，就看輕你了。也許你有特殊的個人原因，可是別人是不管這些的，除非你有很好的工作能力和績效，讓其他人不得不服你！

四、混水摸魚型

這種人機靈狡猾，看起來工作很認真，其實都是在做樣子，他永遠不必承擔責任，但永遠有好處可得。雖然能言善道，人緣不錯，但實際別人早在心裡看不起他！

——除了上述幾種外，還有很多種類型，如爭功諉過型、孤芳自賞型、獨善其身型，但這幾種都比不上前幾種典型。如果你屬於其中的一種，那你就是不敬業。你不敬業，一則無形之中刺激、羞辱了那些敬業的同事，他們會看輕你以示報復。，一則讓人認定你是個不求上進的無賴、混混，如果你的這種表現也被主管和老闆知道，那你就別想在工作上有所表現了，因為他不敢好好用你！

也許你會說，被人看輕就被看輕吧，有什麼了不起的？其實被人看輕的主要原因不在於別人，而是你自己。如果你因不敬業而被人看輕，這些評語會到處傳播，這對你相當不利。事情若太嚴重，你甚至連新的工作都會找不到，因為同行一定知道你不敬業，在一個單位，誰敢用一個不敬業之人呢？如果你不敬業，就算人們不去四處散播，那對你也沒有好處，因為你無法從工作中汲取更多的經驗，而且一旦養成了一種不敬業的習慣，你這一輩子就別想出頭了！

工作上被人看不起與自己的工作能力沒有太大的關係，如果你能力一般但拼勁十足，人們也還是會尊敬你。但他們不曾尊敬一個能力很強但工作態度不佳的人。如果你能力平平又不敬業，那別人肯定會看不起你——甚至會有捲鋪蓋走路的可能！

6・尋找生命中的「貴人」

除非你的運氣不好，否則，在你的一生中，總會碰到幾個貴人。例如，你在工作中一直不是很順利，表現不佳。心灰意冷之餘，你開始想打退堂鼓。你的一位上司卻在這時候拉了你一把，設法幫助你跨過了門檻，重燃你的鬥志。

有句話說「七分努力，三分機運」。

我們一直相信「愛拼才會贏」，但偏偏有些人是拼了也不見得贏，關鍵可能在於缺少貴人相助。在攀向事業高峰的過程中，貴人相助往往是不可缺少的一環，有了貴人，不僅能替你加分，還能增加你的籌碼。「貴人」可能是指某位居高位的人，也可能是指令你心儀極欲模仿的對象，無論在經驗、專長、知識、技能等各方面都比你略勝一籌。因此，他們也許是師傅，也許是教練，或者是引薦人。

有人說，政治圈是講究人脈、關係現象最盛的，各路人馬結黨結派並不少見。誰是受誰提拔的，誰和誰相互幫忙，誰跟誰彼此利益輸送……若論起每個人的背景來頭，幾乎都有穩當有力的靠山撐腰，好像少了這層保護罩，就很難在複雜的政治圈裡出頭。

話雖如此，沒有貴人比較難成氣候，但若要被貴人「相中」，首要條件還是在於，被保送上去的人究竟有沒有兩下子。俗話說，師父領進門，修行在個人。如果你一無所長，卻僥倖得到一個不錯的位置，保證後面一堆人等著想看你的笑話。畢竟，千里馬的表現好壞與否，代表伯樂的識人之力。假如提拔了一個扶不起的阿斗，對貴人的薦人能力，也是一大諷刺。除了真正是基於愛才、惜才之外，一般而言，貴人出手多少都帶有一些私心，目的在於培養班底，鞏固勢力。但也有的接班人羽翼豐盈之後，立刻另築他巢，導致與師傅失和，反目成仇，這類故事自古至今一再發生。

良好的「伯樂與千里馬」的關係，最好是建立在雙方各取所需、各得其利的基礎上。這絕不是鼓勵惟利是圖，而是強調雙方以誠相待的態度，既然你有恩於我，他日我必投桃報李。人際管理專家曾經舉出千里馬與伯樂之間的微妙關係，往往是「愛恨交織」，又期待又怕受傷害。所以，雙方在互相下注以前，最好能三思而後行。

選一個你真正景仰的人，而不是你嫉妒的人。絕不要因為別人的權勢，而想貪小便宜搭順風車。

摸清貴人提拔你的動機。有些人專門喜歡找弟子為他做牛做馬，用來彰顯自己的身分。萬一出了事，這些徒弟不僅撈不著好處，還可能成為替罪羔羊。

要知恩圖報，飲水思源。有些人在受人提拔、功成名就之後，往往就想雙手遮掩過去的蹤跡，口口聲聲說：「一切都是靠我自己……」一腳踢翻別人對他的照顧。如果你不想被別人指著鼻子大罵「忘恩負義」，可千萬別做這種傻事！

有了「貴人」的提攜，加之個人的能力與努力，你一定比別人先成功。

7．「懷才不遇」怎麼辦？

如今，「懷才不遇」好像成了很多年輕人的一種通病，他們普遍的症狀是，牢騷滿腹，喜歡批評他人，有時也會顯出一副抑鬱不得志的樣子，和這種人交談，運氣不好的時候，還會被他批評一頓。

當然，這類人中有的確是懷才不遇，由於客觀環境無法與之適應，「虎落平陽被犬欺，龍困淺灘遭蝦戲」。但為了生活，他們又不得不屈就自己，所以生活得十分痛苦。

難道現實中有才的人都是如此嗎？不，儘管有時出現千里馬無緣遇伯樂，但如果你真是一匹千里馬，一次錯過伯樂，應該還有第二次、第三次……很多人之所以出現一種不好的結局，大部分是因為自己造成的。有些人確實有能力，但他們常自視清高，看不起那些能力和學歷比自己低的人，可如今的社會確實複雜，並不是你有才氣就能成就大器。別人看不慣你的傲氣，就會想辦法修理你。

至於你的上司，因為你的才幹本來就會威脅到他的生存，再加上你不適度收斂自

己，生怕別人不知道你的才幹，胡亂批評，亂說一氣，那你的上司怎會不打擊你，而讓你出頭呢？在人生叢林中，人與人之間的鬥爭大都是這麼回事！最後的結局就是，你慢慢變成了一位「懷才不遇」者。

還有一種「懷才不遇」者，他們其實就是一類自我膨脹的庸才，因為他們本身無能，別人當然無法重用，這可不是嫉妒他們。但他們並沒有認識到自己沒用，反倒認為自己懷才不遇，沒人識才，於是到處發牢騷，吐苦水。

不管是有才還是無才，懷才不遇者真是人見人怕，一聽其談話，他就會罵人，開口就是批評同事、主管、老闆，然後吹噓自己多行，多麼能幹，聽者也只好頭點稱是，要不然，他也許會罵到你的頭上！

所以，最後的結果就是，「懷才不遇」之感越強的人，就會把自己孤立在一個越來越小的圈子裡，甚至無法與其他人的圈子相交。每個人都怕惹麻煩而不敢跟這種人打交道，人人視之為「怪物」，而敬而遠之！一個人如果給眾人的不良印象已成定局，那除非遇到貴人大力提拔，否則將永無出頭之日。結果有的辭職了，有的外調，有的總是個小職員，有的則一輩子「懷才不遇」。

一個人不管才幹如何，都會碰上無法施展自己才幹的時候，這時候千萬要記住：即使你覺得自己「懷才不遇」，也不能明顯地表現出來，你越是沉不住氣，別人就越看輕你！那麼一個人真的遇到這種情況時該怎麼辦？難道就這樣一輩子「懷才不遇」下去？下面幾點不妨供你選擇參考：

1．評估自己的能力，是否高估了自己——人應該有一個自我評價的能力，如果你怕自己評估不大客觀，可以找個朋友和較熟的同事幫助你一起分析，如果別人的評估比你自我評估的結果要低，那你就要虛心接受。有些情況下，旁人可能對我們了解得更加準確深刻。那何不接受他人的評價？

2．檢查一下自己的能力，為何無法施展——是一時找不到合適的機會，是大環境的限制，還是人為的阻礙？如果是機會的原因，那繼續等待機會不就行了嗎？如果是大環境的緣故，那就離開這一環境好了。如果是人為因素，你可與人誠懇溝通，並想想是否有得罪他人之處，如果是，就要想辦法與人疏通，如果你的骨頭硬，那當然要另當別論了。

3．亮出自己的其他專長——有時候，懷才不遇者是因為用錯了專長，他們確實有才，但用得不對，或者不是時候。如果你有第二專長，可以要求他人給個機會試試，說不定又為你開闢一條生路。

營造一種更加和諧的人際關係——不要成為別人躲避的對象，反而應該以你的才幹協助其他同事。但要記住，幫助別人時不要居功，否則會嚇跑你的同事。此外，謙虛客氣，廣結善緣，這將為你帶來意想不到的能力！

4．繼續強化你的才幹——也許你是在某一方面有才，但可能由於才氣不夠，所以沒讓人看出來。這種情況下，你就應該更加強化自己這方面的能力。當時機成熟時，你自然會閃爍出耀眼的光芒！別人當然會看到你。

不管怎樣，你最好不要成為一位「懷才不遇」者，這樣會成為你的一種心理負擔。勤懇地做好自己的事，即使是大才小用，也比沒用要好。慢慢從小用開始，你也許有一天能得到大用！

8．勿以事小而不為

恐怕現在的年輕人都不願聽「先做小事，賺小錢」這句話，因為他們大都雄心萬丈，一踏入社會就想「做大事，賺大錢」了。如果真能如此，那麼你是否具備有這些特別的條件：

1．過人的才智——也就是說，你應是一塊天生「做大事，賺大錢」的料子！

2．優越的家庭背景——如家有龐大的產業或企業，或是有一個有權有勢的家庭。因為這樣的父母，因為這樣的背景，所以一踏入社會就可「做大事，賺大錢」。

3・好的機遇——有過人才智的人需要機遇，有優越家庭背景的人也同樣需要機遇，才能真正「做大事，賺大錢」

因此，你應該問問自己：

你的才智如何，是「上等」、「中等」還是「下等」？

別人對你的評價又如何呢？

你的家庭背景如何呢？有沒有可能助你一臂之力？

你對自己的「機遇」有信心嗎？

事實上，很多成大事、賺大錢者並不是一走上社會就取得如此業績的，很多大企業家就是從伙計當起，很多政治家是從小職員當起，很多將軍是從小兵當起，人們很少見到一走上社會就真正「做大事，賺大錢」的！所以，當你的條件只是「普通」，又沒有良好的家庭背景時，那麼「先做小事，先賺小錢」絕對沒錯！你絕不能拿「機遇」賭，因為「機遇」是看不到抓不到，難以預測的！

那麼「先做小事，先賺小錢」有什麼好處呢？

「先做小事，先賺小錢」最大的好處是可以在低風險的情況之下積累工作經驗，同時也可以借此了解自己的能力。

當你做小事得心應手時，就可以做大一點的事。賺小錢既然沒問題，那麼賺大錢就不會太難！何況小錢賺久了，也可累積成「大錢」！

此外，「先做小事，先賺小錢」還可培養自己踏實的做事態度和金錢觀念，這對日後「做大事，賺大錢」，以及一生都有莫大的助益！

你千萬別自大地認為你是個「做大事，賺大錢」的人，而不屑去做小事、賺小錢，你要知道，連小事也做不好，連小錢也不願意賺或賺不來的人，別人是不會相信你能做大事、賺大錢的！如果你抱著這種只想「做大事，賺大錢」的心態去投資做生意，那麼，失敗的可能性就很高了！

因此要發展事業，第一點要記住的便是：不要做你不懂的事。

沒錯，就是要從你懂的事做起。

例如，你從事貿易工作，那麼可以貿易作為事業的起點，等站穩腳跟了，觸角廣了，社會歷練足了，經營事業的手法也熟練了，那時當然就可以向別的行業發展。

如果你不相信的話，可以從報章雜誌看看一些企業家的奮鬥過程，他們中99％的人都是從自己熟悉的行業和專長發展出來的。

當然也有一些例外，但你要衡量一下自己——你有人家的才幹和運氣嗎？如果沒有，那就從自己熟悉的本行做起吧，千萬別趕時髦而迷失自己！

你也是人性叢林中的一分子，因此你也有必要讓別人看到你，知道你的存在，了解你的能力！

9．毛遂自薦好處多

有位A小姐，她的英文很好。有一天，她來到一家出版社，要見社長，她想當一名編輯。可這家出版社沒有英文圖書的出版計畫，所以無法用她。後來這位小姐請社長給她介紹到別的出版社，他便把她推薦給一位同行，這位小姐居然很快就有了工作。

後來兩位出版社的社長碰在一起時，後一位社長還說：真感謝你當時給我介紹了這位好編輯。

其實，介紹A小姐的社長當時並不覺得她的英文能力像她所描述的那樣好，但她敢於毛遂自薦，至少表現了一種積極主動、勇於向人生挑戰的優點，當老闆的自然會喜歡用這樣的人。當今時代，老闆用人的最大原則當然是要為他賺錢，因此他們更喜歡那種積極主動並富有挑戰精神的人。

在我們周圍，也可以找出很多勇於毛遂自薦的人獲得成功，而那些怯於自薦的人仍在原地踏步的例子。

特別是在當今社會競爭如此激烈的情況下，再也不是那種「待價而沽」或等人「三顧茅廬」的時代，如果不主動出擊，讓別人看得到你，知道你的存在，知道你的能力，你就有可能「坐以待斃」或錯失良機，至少你獲得機會的時機將比別人晚。

所以，找工作時與其坐等伯樂，不如毛遂自薦！有了工作，也不能就此滿足，應該發揮毛遂自薦的精神，推薦自己去做某件工作或擔任某項職務！不過熱門的職務和工作爭逐者多，這種毛遂自薦的效果不會太大，但總比悶聲不響好。這裡還有一種情況建議你去毛遂自薦——面對困難的工作！

如果你有能力，可自告奮勇地去挑戰那種人人避之惟恐不及的工作，在別人都不願意做的時候，你的毛遂自薦正好可以顯示你的存在，如果挑戰成功，你當然是惟一的英雄！如果失敗，也學到了寶貴的經驗，而且也不會有人怪你，因為本來就沒有人願意去做！此外，你的毛遂自薦，也替你的上司解決了難題，他對你的感激當然不在話下！而最重要的是，這個過程將成為你日後面對更艱難工作勇氣的來源，你的作為也將成為人們給你最高評價的基礎。光是這一點，就可讓你在日後「享用不盡」！

如果你的毛遂自薦沒有如願，千萬別灰心喪氣，因為你的勇氣已在別人心中留下深刻的印象，而且一次的失敗正是下次成功的本錢！

不過「毛遂自薦」時要注意幾點：不要吹噓自己的能力，有幾分能力就說幾分話，過於吹噓，別人會認為你吹牛，反而給人不實在的印象。

強調自己的能力時，最好有具體的事實，讓事實說話勝過你說得口乾舌燥！如果你沒有事實來表明你自己的能力，那麼誠懇實在就可以了。

10．慢慢來創造財富

古人說，聚沙成塔，積水成淵。這道出了一個道理，幹什麼事情，只要你一步一步而行，就像滾雪球越滾越大一樣，你一定能夠壯大自己。財富的積累也是如此。

很多人的「資產」都是累積來的，一夜暴發這只能是一種願望，獲者甚少。大富豪的錢是累積來的，「累積」是由小而大，由少到多的必然過程，這一點是無可懷疑的，因此，如果你能好好運用滾雪球式的「累積法」，經過一段時間之後，你一定會有意想不到的收穫。

我們在做很多事情時確實都可採用滾雪球的辦法。例如學英語，很多人就是記不住英語單字片語，如果你給自己定下一個計畫，一天記兩個，一年就可記住七百多個詞，不用幾年的時間，就可背好幾千個詞了，這樣你的詞彙就不成問題了。

有一本書叫《財富密碼》，這本書告訴了人們如何致富的道理。書中講述了一些積累財富的法則，如每天將所得的十分之一積攢起來，這樣你就可以成為一位有錢的人，這是古巴比倫的首富向他人傳授的一個道理。對一般人來講，掙錢實乃不易，你不可能一夜暴富，所以要想富有，只能靠一點一點的積攢，到了一定程度，你也變成了一位擁有更多財富之人。因此，你必須打定主意：

1．**不要求快**——求快，就會給自己造成一定的壓力，俗話說，欲速則不達。凡事都得有個過程，不可求財心切，過於心切就會走偏路。

2．**不可求多**——求多，就會使自己無力承擔，反而喪失積累的信心和勇氣！

3．**要堅持不斷**——做任何事情都得持之以恆，一旦中斷，就會影響積累的效果和意志，反而會功虧一簣。

要積累金錢。金錢是生存之本，但有一點，一個人發財的機會並不多，一生只有那麼幾回，平常還得一分一毫地賺，一分一毫地攢，因此面對未來的日子，你應好好積累你的金錢，能積累一千就積累一千，能積累一萬就積累一萬。「大富由天，小富由儉」，這句話是不會錯的。另外，做生意也應有這樣的觀念，不要嫌錢少就不賺，積少成多勝過一無所有！

要積累工作經驗。世上的天才不多，絕大多數人都要邊做邊學邊積累經驗，有了經驗，便不愁找不到工作，進一步可自己創業，退一步也可謀得一職，而經驗越是豐富，身價就越高。不過你得要注意一點：不要輕易換行，因為就專業經驗來說，換行也就中斷了你的積累過程。要積累人際關係。朋友是做成事情的要素之一，朋友越多的人做事越方便，也越可能成就大事。但朋友關係的建立絕非一朝一夕之事，因為從認識、了解到合作，必須有一段的時間，因此不可心急，也不能急，只要慢慢積累，你就會有一個豐富的人際關係網。

此外，你也可積累自己的信心，積累自己的成果……總而言之，凡是對你有利有益的人和事物，你都可以積累，多了就會成為你的資產。

同時，你也可以活用「積累法」來做事，一次不能成功，就分成兩次、三次……持續不斷地努力。一下子難以完成之事，也可把完成的時間拉長，一點一滴地做，以減輕壓力。

「積累法」並不是什麼祖傳祕法，也並非高深難學，而是人人都會，如果你堅持運用，一定可以享受到它帶來的豐碩之果。

第5章

人際關係比賺錢更重要

好的人際關係是一輩子可以享用的無形資產。
戴爾・卡耐基曾說：一個人事業的成功，
15％基於他的專業技能，85％則取決於他的人際關係。
美國成功專家有一項調查表明：
成人最為關注的問題有兩個：
一個是健康；另一個則是人際關係。

1．經營你的人際關係

人際關係真像播種一樣，播種越早，收穫越早，撒下的種子越多，收穫也越多。

人都生活在一個社會群體之中，而人際關係就成了你與社會交往的一種紐帶。可是人際關係並不是一日之間可以建立起來的，而需要你去長期經營。

之所以會如此，是因為好的人際關係需要時間來了解，再從了解到信賴，是需要一個過程，短則一年半載，長則七、八年，甚至一、二十年！兩三天就「一拍即合」的人際關係往往是利益上的關係，基礎很脆弱，這並不是好的人際關係，這種人際關係帶給你的有時甚至是毀滅性的打擊！

所以，你要的應該是一種經得起考驗的人際關係，而不是速成的人際關係。要有一種好的、經得起考驗的人際關係，就要精心「播種」與培育，就像農夫在田裡播種一樣，之所以這樣說，是出於以下幾種原因：

要長成一棵果樹，必須先有種子，「播種」是「長出一棵果樹」的必要條件。雖然有些種子會腐爛、不發芽，但不播種，就絕不會有果樹長出來！人際關係也是如此，你的用心是人際關係的必要條件，雖然不一定會有好的回應，但沒有用心，就不能建立人際關係。雖然也有人主動和你建立關係，但也要你做出回應，這樣關係才會持續下去！

你若冷淡相對，他還會來找你嗎？

有些種子會在節氣到時發芽，但有些卻不，像有些乾燥的地方，種子可以在裡面深埋十數年，但雨水一來，就迅速發芽。人際關係也是如此，你的用心有時很快就會從對方得到回贈，但有時卻不一定如此。

至於什麼時候才能得到「回贈」，其實你不必花心思去期待，反正你已種下了一粒種子，「機緣」一到，它自然會發出芽來！而這發芽的時間，有可能是在你四十歲時、五十歲時，甚至一輩子都沒發出芽來，但總是有希望的。

種子發芽後，你得小心勤快地灌溉、除草、施肥，它才會長成大樹，開花結果。人際關係也是如此，你也必須以熱心、善心來經營它，尤其不可「揠苗助長」，急於收穫果實，這樣只會破壞你的人際關係！而最糟糕的是，這種「揠苗助長」的作風會在同行間散播出去，成為你的負債！

播的種子越多，發的芽也越多，經過一段時間後，必定大片成林，那時收穫的果實將令你感到欣慰。

人際關係也是如此，年輕時用的心多，交的朋友當然多，縱然有一些「不發芽」的，但長時間累積下來，你的朋友還是很多，那時這種人際關係就是你的果樹林，而你必然能享受到這些甜美的果實！想想你現在，到底多大年紀了？人際關係又如何？不必急，只要你精心「播種」，而且越早播種越好，那剩下的事就是等著收穫了。

2．勿做「邊緣人」

一個小小的辦公室也像政治圈一樣，也會有派系之爭，有人是「主流派」，有人是「非主流派」，還有一些「騎牆派」的傢伙。

大多數上班族都希望受到上司的賞識，並獲得升遷，這樣才能鞏固他們在公司中的地位。然而，就像政治圈總有派系之爭一樣，企業內部也隨時會上演一幕一幕的權力角逐競賽，有人上臺，有人垮臺。

不管你喜不喜歡，大多數人都很難在這場權力鬥爭的遊戲中置身事外。如果你在遊戲中的態度表現得較為積極，別人立刻就把你歸類在「主流派」；萬一你不幸失寵，馬上就有人自動替你貼上「非主流派」的標籤，假使你做出一副不聞不問的態度，又會被人懷疑你的忠誠度，是不是投機的「騎牆派」？

儘管許多上班族聲稱，他們厭惡權力鬥爭——因為他們認為權力鬥爭是一種愚笨、膚淺、冷酷、毫無人性之爭，但也有為數不少的人對這類遊戲興味十足，在他們眼裡，權力的角逐是有趣、吸引人、充滿快樂的。他們深知這類遊戲關係到自己的生存，如果只是一味把頭埋在土中，忽視周圍發生的事，恐怕永遠只能在公司內當個「邊緣人」。

大多數人相信：「只要我盡本分把事情做好，達到該有的業績，上司就會對我如何如何……」結果，事實並非如此。

在某些主管眼中，他認為你的表現不過是平平而已，除非他認為確實很重要，你的作為讓他感到臉上有光，公司不可一日沒有你，否則你很難得到升遷。再者，如果公司有人和你條件相等，主管通常提拔和他自己相近的人，如此才好鞏固他的地位。

這個道理說穿了很簡單，其實就是「大樹底下好乘涼」。如果沒有「貴人」庇蔭，想在公司內出頭很難。除非你背後有重要的貴人全力護航，你可能無法打入公司的核心，出頭的機會小之又小。

你不必懷疑這種論調。研究組織管理的劍橋大學勒文森博士就說得很清楚：「所有的組織必定有小派系。因為，組織是由互相扶持的個人或團體共同組成的，以完成工作。」你不妨探出頭去，四處望望，想想周圍那些已經坐到好位置的人，背後是不是都有貴人。這些貴人可能是他的上司、老闆、師傅，也可能是公司外的人。

上班族在爬升的過程中，利用人際關係可以達到個人目標，這幾乎是不容爭辯的事實。而你的人際網絡應該是一種有組織的聯絡，彼此經常互換消息、接觸、建議和支持。這種人際關係就是「你抓我的背，我也抓你的背」，一報還一報，彼此維持合理的平衡。

人人都渴望出人頭地。不過，並不是每一個人都能爬到階梯的頂端，原因很可能是，你在權力遊戲中不幸敗下陣來，你始終得不到貴人的賞識，或者你根本不想參與這場權力角逐，甘心做個與世無爭的邊緣人。其實，這也沒什麼不好，畢竟人人都有選擇角色的權利。

3．怎樣培養好人緣

一個人在社會上做事，自己的能力固然很重要，但也離不開他人的幫助。但有些人雖然能力很強，水平也很高，可就是不討人喜歡，當然別人也不願意出力相助。相反，有的人雖然能力水平一般，但人緣很好，給人的感覺也不錯，當他遇到什麼問題時，大家都爭相幫助。因此，作人做事，看來都要有一個好人緣。

人與人之間的交往，除了利益關係的考慮之外，還看相互之間的感情如何。如果你給人的印象和感覺都不好，不能獲得別人的尊重，別人怎麼願意幫助你呢？即使你能力再強，又有什麼用？因此，有沒有好人緣十分重要，那該怎麼做呢？

一、學會真誠地關心他人

如果你想改善自己的人際關係，如果你想讓他人喜歡自己，如果你想獲得他人的關心與幫助，那你得做到一點：首先去關心他人。一個過於自私，一個對他人冷漠視之、缺乏熱情的人，怎會贏得他人良好的回報？

二、不要忘記微笑

現實生活中，微笑就是一種萬能劑。笑，可以讓自己的煩惱煙消雲散；笑，可以消除你全身的困乏；笑，可以消除雙方的對立關係；笑，可以傳遞出一種令人會意的情感；笑，也能給他人留下一種良好的第一印象……笑是一種生活態度，笑是一種處世的法則……當你遇到不解之題時，何不開懷一笑！

三、千萬別忘記他人的姓名

在與人談話時，有些人很少提到他人的名字；更有甚者，他們總是忘記別人的名字。當你怎麼也想不起他人的名字時，對方會認為你對他是重視的嗎？一個連他人名字都忘的人，當然不會引起對方的興趣與好感，這樣便直接影響你進一步與人交往。姓名，不僅僅是一個人的符號，更是語言中最甜蜜、最重要的聲音。

四、學會傾聽他人講話

從人性的本質來看，我們每個人當然最為關心的是自己。他們喜歡講述自己的事情，喜歡聽到與己有關的東西。由於這種心理，有些人便經常犯這樣一種錯誤——不喜歡聽人講話，他們要麼滔滔不絕地與人說個不停，不顧他人如何反應；要麼當人講話時，注意力不大集中，總是心不在焉。這種不良的行為習慣確實有礙於人際關係的效果。記住：你要使人喜歡你，那就做一個善於傾聽的人，鼓勵別人多談他們自己。

五、讓他人感到自己重要

人際交往的一個極為重要的法則是：時時讓別人感到重要。如果我們遵從這一法則，大概不會惹來什麼麻煩，並且可以得到許多友誼和快樂。但如果我們破壞了這一法則，難免後患無窮。威廉・詹姆士說過：「人類本質裡最深遠的驅動力是——希望具有重要性。人類本質中最殷切的需求是——渴望得到他人的肯定。」也正是這種需求使人類有別於其他動物；也正是這種需求，產生了豐富的人類文化。

事實上，根據馬斯洛的說法，人都有渴求尊重的需求。因此要尊重對方，滿足對方

「被尊重」的需要，同時讓別人不敢對你隨便，哪怕你只是個小人物，對方也會反過來尊重你，因為他們實在找不到輕侮你的理由。尊重就是信賴的開始，你贏得尊重，就贏得了信賴！這正是你在社會上行走最重要的資產！

4．擴展你的朋友圈

人有好人，也有壞人。朋友也有好壞之分，你有時可能會交上「壞朋友」，但如果因為怕交到壞朋友而不敢交朋友，那就失去了交好朋友的機會。而這種過度設防的心理也會使你原有的朋友離你而去，到最後你就可能一個朋友都沒有了！

事實上，朋友的好壞有時很難說，絕對好或絕對壞的朋友並不多，一個人總是有好的一面也有壞的一面，那要看你怎麼和他們相處。但無論如何，多交朋友絕對是好處大於壞處的。那麼，怎樣才能多交朋友呢？

因此，作為一個現代社會的人，你要擴大交友的圈子——主動出擊，而不是靠別人上門和你做朋友！那麼，怎樣才能擴大交友的圈子呢？

一種最有效的方法就是多參加一些社會活動，加入一些社會團體。社會活動如：同事的生日、朋友聚會、週末晚會、公司旅遊等。在這些活動中，你一定可以認識很多的人，如果你有心與人交往，這絕對是個好機會。另外，一些社會團體，如參加志工團體、獅子會、青商會、讀書俱樂部等等，你都可以參加，並從中認識更多新的朋友。

這種團體中的交友可能更加容易，因為你們沒有利害衝突，反而有共同的興趣和目的，這樣更容易找到話題，也更容易交流。

如果你沒有資格或機會參加類似的團體，那你可以自己計劃一次社交活動，甚至組織一個團體，以此結識很多朋友。

當你有了新的朋友，你會發現自己的生活圈子也隨著交友圈的擴大而延伸。你也能更好地領悟生活的意義、友情的價值。最實惠的一點，你做任何事情都有了更多的選擇和幫手。

5．小心應對這些人

要你「小心應對」某些人，實在是件令人傷感的事，因為過「不用對人防備」的日子還是比較好的，可是「一樣米飼百樣人」，你不小心應對，便有吃虧的可能，並不是所有人都如你想的是「好人」哪！

1．甜嘴巴型——這種人開口便是大哥大姊，叫得又自然又親熱，也不管認識你多久；除此之外，還善於恭維你，拍你馬屁，把你「哄」得舒舒服服。當然這種人並不一定就是必須防備的「壞人」，而且這種人因為嘴巴伶俐，容易使人心不設防，如果他對你有不軌之圖，你的陶醉不就上了他的當？而且，你會因為他會奉承而不去注意他品行上的其他缺點，容易把小人當君子，把壞人當好人！此外，這種人可以輕易對你如此，對別人當然也如此，他並不是對你特別呀！

所以，碰到嘴巴甜會奉承的人，你必須設立你的警戒線，和他保持距離，以便好好觀察，如果你冷靜地不予熱烈回應，若對方有不軌之圖，便會自討沒趣，露出原形。不過，為了避免「以言廢人」，你不必先入為主地拒他於千里之外，但是要叮嚀你一句：古時很多朝代，就是被這種嘴巴甜的佞臣弄垮的。

2．笑面虎型——這種人好像沒有脾氣，你罵他、打他、羞辱他，他都笑咪咪的，再不高興也擺在心裡，讓你看不出來。這種人也不見得是壞人，因為他的個性就是如此，成天笑咪咪的，不得罪人嘛！可是你就搞不清楚這種人心裡在想些什麼，也搞不清楚他的好惡及情緒波動，碰上這種人，真讓人無所適從。因此，如果他對你有不軌之圖，你是無從防備的。對這種人，你要避免流露出內心的祕密，更不可和他談論私人的事情。所以，不如保持禮貌性的交往，他打哈哈，你也打哈哈，同時，也要避免做出得罪他的事，他生氣也就算了，他不生氣才可怕呢！

3．藏匿型——這種人把自己隱藏起來，不讓你知道他的過去、家庭、同學，也不讓你知道他對某些事情的看法，換句話說，是個深沉莫測的人。這種人有的是因環境的影響所造成，不見得是個「壞人」，但和這種人交往要小心，最好的辦法還是保持距離。這種人有的還拼命打探你的一切，像這樣的人，甚至已失去與人相處的誠意，趁早遠離他，否則被他害了想哭都哭不出來哩！

4．牆頭草型——這種人最大的特點便是「見利忘義」、「西瓜偎大邊」，哪邊好哪邊靠，所以他的為人處世會以「利」作為取向，也會為「利」而背叛良心，傷親害友，可以今天和你好，也可明天將你害！所以和這種人打哈哈就可以了，不必有利益、人情上的往來，甚至寧可故意向他顯出你「無利可圖」的一面，以免他沒事就來找你，這可不是好事！至於如何分辨「牆頭草」，只能從平常行為中觀察，並無什麼定法！

——當然這幾類型並不足以代表所有你該小心應對的人，這只是較為典型的幾種。另外，還有幾種人，你必須對他們有所保留，否則，你會受到傷害。哪幾種人呢？

5．自吹狂——這種人很喜歡誇讚自己的能力，如果你願意聽，他可能就會成為萬能的人。事實上，這種人的能力是有問題的，因為他心虛，所以靠吹噓來壯聲勢，好比膽小鬼走夜路要吹口哨一樣。真有能力的人反而不吹噓了，因為他有自信，也不怕別人不相信，甚至他還不屑向你說明他的能力呢！所以對「自吹狂」，一切的一切，先打對折再說吧！

6．支票機——這種人喜歡開支票，任何事情他都可以答應，不只是如此，他還可以主動承諾為你做任何事，可是每一張支票都是「空頭支票」，無法兌現。這種人有的是開支票開成習慣，並非惡意，也非有意，但這種習慣會造成他不把承諾當一回事，對這種人，你的態度要有所保留，免得大失所望。

7．漏風嘴——這種人喜歡到處串門子，串門子還不打緊，還喜歡講「我告訴你，可是你不可以告訴別人」的「祕密」。如果他也向你傳播某人的「祕密」，你當然不可再告訴別人，但要有所警覺，這正是「漏風嘴」，動不動就走漏口風。對這種人，你的態度要有所保留，他就算不是「壞人」，也會因為一張嘴巴而搞砸了很多事情！你如果告訴他祕密，那麼很快，你的祕密將不再是祕密！

8．銅牙槽——這種人的特色是嘴巴很硬，不是說他平常說話很硬，而是死不認賬入明明事實擺在面前，他還要強辯，像有一副銅牙槽那般。對這種人，你的態度也要有所保留，因為他有可能瞞下了更大的錯誤，而且，這種人也不會勇於承擔錯誤，你若對他毫無保留，哪天倒楣的將會是你自己。

9．好色鬼——這種人見了美色便忘了自己是誰，年輕時好色可以理解，結了婚或上了年紀卻仍然好色，這種人必然分心，無法專注於事業，要不然也會因色誤事。對這種人，你的態度要保留幾分，否則你必會受到無妄的牽連。

10．賭博鬼——這種人喜歡上牌桌，牌一打就天昏地暗，不知下桌。有時打麻將是一種應酬，沉迷其中就不宜了，因為這會培養一種賭性，並且一心卻正事。對這種人，你要保持距離，否則有一天他會來向你借賭本，哪天甚至會誤了你的大事。

11．天天醉——這種人好飲，而且每飲必醉，甚至每醉必發酒瘋。這種人有個性上的缺陷，有無法控制情緒的缺點，會誤事，也會誤自己！因此，你對他的態度要小心，因為他的能力因為他即使再好，也終有一天會誤事！

12．不孝子——這種人連父母都可以不要，甚至虐待父母，那麼他對別人也可以如此。對這種人，你要小心，因為他的無情可以創造大事業，但也會毀滅別人。

——對以上這些人，你要多給自己一些時間來觀察，多給自己一些空間來應對，那你就不會受到傷害了！

6．給「小人」些距離

每個地方都有「小人」，和「小人」的關係若沒有處理好，常常要吃虧。

「小人」沒有特別的樣子，臉上也沒寫上「小人」二字，有些「小人」甚至還長得帥，有口才也有內才，一副「大將之才」的樣子，根本讓你想像不到。

大體言之，「小人」就是做事作人不守正道，以邪惡的手段來達到目的，所以他們的言行有以下的特色——

1．喜歡造謠生事——他們造謠生事都另有目的，並不是以造謠生事為樂。

2．喜歡挑撥離間——為了某種目的，他們可以用離間法挑撥同事間的感情，製造他們的不和，好從中取利。

3．喜歡奉承——這種人不一定是小人，但這種人很容易因為受上司寵愛，而在上司面前說人的壞話。

4．喜歡陽奉陰違——這種人表裡不一的性格，這也是小人行徑的一種。

5．喜歡「西瓜偎大邊」——誰得勢就依附誰，誰失勢就拋棄誰。

6．喜歡踩著別人的鮮血前進——也就是利用你為其開路，而你的死活他不在乎。

7．喜歡落井下石——只要有人跌跤，他們會追上來再補一腳。

8．喜歡找替死鬼——明明自己有錯卻死不承認，硬要找個人來背罪。

事實上，「小人」的特徵並不只這些，總而言之，凡是不講法、不講理、不講情、不講義、不講道德的人都帶有「小人」的性格。

不過，對小人了不得不防之外，我們也應該妥善處理和「小人」的關係。

1．不得罪他們——一般來說，「小人」比「君子」敏感，心裡也較為自卑，因此你不要在言語上刺激他們，也不要在利益上得罪他們，尤其不要為了「正義」而去揭發他們，那只會傷害了你自己！自古以來，君子常常鬥不過小人，因此小人為惡，讓有力量的人去處理吧！

2．保持距離——別和小人過度親近，保持淡淡的同事關係就可以了，但也不要太過疏遠，好像不把他們放在眼裡似的，否則他們會這樣想：「你有什麼了不起？」於是你就要倒楣了。

3．小心說話——說些「今天天氣很好」的話就可以了，如果談別人的隱私，談某人的不是，或是發了某些牢騷不平，這些話絕對會變成他們興風作浪和整你的資料。

4．不要有利益瓜葛——小人常成群結黨，霸占利益，形成勢力，你千萬不要想靠近他們來獲得利益，因為你一旦得到利益，他們必會要求相當的回報，甚至就如鼻涕那般，黏著你不放，想脫身都不可能！

5．吃些小虧無妨——小人有時也會因無心之過而傷害了你。如果是小虧，就算了，因為你找他們不但討不到公道，反而會結下更大的仇。所以，原諒他們吧！

當你認清了上述「小人」的特徵，並堅持做到上述所分析的與小人為伍之道，恐怕你就能和他相安無事了。

7．不輕易得罪他人

社會是由不同的人組成的，人活在社會上，不管日常生活、上班，還是經營自己的事業，都會和別人產生一種互動關係。換句話說，人是靠彼此互助才得以生存的，即便是流落荒島的魯賓遜也都要有一位名叫「星期五」的夥伴，更何況身處這一競爭激烈、人際往來頻繁的我們？因此，「得罪人」是一種剝奪自己生存空間的行為。

1．得罪了一個人，就為自己堵住了一條去路——當然，你也許會想，人還不至於得罪了幾個人就無法生存下去吧。但你要知道，世界雖然很大，但有時就是顯得很小，連走在路上都會仇人相見，更何況同行？同行有同行的交往圈子，得罪同行，彼此碰面的機會更大，那多尷尬！而且多麼不利！本來你可以和他合作獲利，卻因得罪他而失去機會，這多可惜！

2．得罪一個小人，就為自己埋下了一顆不定時的炸彈——得罪君子了不起大家不講話，各幹各的；但要是得罪小人可沒完沒了。他不採取報復手段，也要在背後對你造謠中傷，你有理也會變成無理，多不值得！

這裡之所以強調「不輕易」得罪人，當然也是有道理的。但是當事有不可忍時，當正義公理不能伸張時，還是要有雷霆之怒的，否則就是非不分，黑白不明了。這種雷霆之怒有時會得罪人，固然有可能為自己堵住一條去路，但也有可能開出更多的康莊大道。除了這一點，還是不得罪人為好。

所以，當你感到自己的利益被侵害時，得不到他人的尊重時，請想想，勿輕易動氣。此外，也切記不要氣焰囂張，盛氣凌人，這種只有自己而沒有別人的態度也很容易得罪人，而且常不自知。

最重要的一點，得罪人會變成一種習慣，老是壓不下怒氣，改不了個性，便會說「反正我就是這樣」，那就條條是路，條條不通了。

俗話說，多一個朋友多一條道。反過來說，多得罪一個人就少一條路！

8．不要一下子掏心窩

當你與人初次見面，或只見過幾次面時，就算你覺得這個人不錯，而且你也喜歡他，也不該把你的心一下子全掏出來。

有一句話說：「逢人只說七分話，不可全拋一片心。」意思是說，對一個你並未完

全了解的人，無論是說話還是做事，都要有所保留，不可一廂情願。

不要一下子就把心掏出來，並不是教你做個虛偽、城府太深的人；而是因為人性複雜，你如果一下子就把心掏出來給對方，用心和他交往，那就有可能「受傷」！

把心掏出來，這代表你對他人付出的是一片真誠和熱情，但見你把心掏出來，他也把心掏出來的人並不太多，而且也有人掏的是「假心」！如果這種人又別有居心，剛好利用了你的弱點，好比薄情郎對痴情女一般，那麼你的日子就不好過了。而會玩手段的人，更可以因此把你玩弄於股掌之中。

也有一種人，你把心掏出來給他，他反而不會尊重你，把你看輕了。現實中有些人就是有這種劣根性，你對他冷淡一些，他反而敬你又怕你！換句話說，對這種人來說，太容易得到的感情，他是不會去珍惜的，那麼你的付出不是很不值得嗎？

另外還有一種狀況，你一下子就把心掏出來，如果對方是個謹慎的人，那麼你反會嚇著了他，因為他懷疑你這麼坦誠是另有什麼目的！如果是這樣，你不是弄巧成拙，也破壞了有可能發展的情誼？

此外，你把心掏給人家，結果沒有得到平等的對待，你就會產生一種「被拋棄」、「背叛」的感覺，這是很不好受的。

因此，與其把心一下子掏出來，不如慢慢地觀察對方，順勢發展，等有了一定的了解後再「交心」。你可以不虛偽，坦坦蕩蕩，但絕不可把感情放進去，要留些空間作為思考、緩衝的餘地——不摻雜感情因素，那麼一切就好辦了。

不要把心一下子就掏出來，這和一個人的修養、道德毫無關聯，而只是一種面對現實的生存策略！

9．聰明人要懂得順著毛摸

不知你是否養過貓狗之類的寵物，如果沒有，應該也看過寵物的主人如何愛撫牠們。愛撫寵物最基本的方法就是順毛輕輕地撫摸牠們。每當主人有這個動作時，貓就會瞇起眼睛，並發出滿足的叫聲；狗就快樂地搖起尾巴，甚至回過身來舔你的手你的臉，作為對你的回應。如果逆著毛摸呢？貓狗因為感覺不舒服，就算不咬你抓你，也會不高興地跑開！

人其實也是如此，喜歡別人順著「毛」摸！如果你能這麼做，那麼必有良好的人際關係，而且能讓別人受到你的影響。

人當然沒有一身的「毛」讓你撫摸，人的「毛」就是一個人的性情、脾氣、觀念，也就是每個人心中的「自我」！你如果能順著對方的脾氣和他交往，不去違抗他，他當然會和你成為好朋友！

不過，「這裡並不是要你做個凡事順逆之人，做一個沒有「自我」的人，如果你真的如此，那你就成為別人的影子了。「順著毛摸」只是方法，而不是目的，你如果能成熟地運用這個方法，別人就會在不知不覺之中受到你的影響，甚至接受你的意見——

1．傾聽——大部分人都有發表欲，如果他在社會上已有一些成就，更有不可抑制的發表欲，當他滔滔不絕的時候，你就做一個傾聽者。一則你的傾聽可讓對方滿足發表欲，他一滿足，對你就會沒有惡感；一則你可在傾聽中了解他的個性和觀念；然後，你要順著他的談話，發出「嗯，啊」的「贊同聲」，還可以在恰當的時機提出一些問題讓對方說明。那麼做，對方一定過癮極了，不知你正順著毛在愛撫他哩！而你沒說什麼話，就了解了這個人。這一招，對熟朋友和初見面的人都管用！

2．不要辯論——如果對方說的話你不同意，你也不要提出辯駁，除非你們是好朋友。如果你和他的交談另有目的，則更不宜和他辯論，因為有些事情並不能辯得明白，而且很可能越辯越氣，最後不歡而散；如果你辯倒對方，那更有可能造成關係的中斷！

總之，要記住，辯論不是你的目的。

3．稱讚——人人都喜歡被稱讚，「稱讚」其實也是一種「順著毛摸」式的愛撫。稱讚什麼呢？你可以稱讚他的觀念、見解、才能、家庭……反正對方有可能引以為榮的事情都可以稱讚，這種做法所費不多，效果卻非常驚人，所以也有人把「稱讚」稱為「灌米湯」！

4．引導——這是最重要的關鍵，如果你一番「順著毛摸」另有目的，尤其需要「引導」這最後的步驟。也就是說，你要在對方已經「滿足」時，才把你的意思顯現出來，但顯現的方式還是要「順著毛摸」，不要讓對方感到不快。例如你應該這麼說：「我很同意你的觀點，不過……」或「你的立場我能了解，可是……」先站在對方的立場，再提出自己的立場，這樣就可以像大禹治水一般，把對方的意志疏導——引到你希望的地方去！

「順著毛摸」，可以用在平時與人相處上，可以用在說服別人上，也可用在帶領下屬上，可以說是事半功倍，脾氣再大、城府再深、主觀性再強的人也吃不消這一招。因此，當你硬來不行的時候，不妨試試這一招！

10．讓人喜歡你

歸根究柢，一個人到底需要什麼呢？其實，所求並不多。但不可否認，有少數幾樣東西的確是大家極其希望擁有的，一般來講，大多數人需要的東西包括：

健康的生命；食物；睡眠；金錢和金錢可以買來的東西；未來生活的保障；兒女的幸福；被人重視的感覺。

這些需要除了最後的一項都不難滿足，因為前面的幾項經過個人努力大體都能達到，而恰恰最後一項，不僅需要自己努力，更需要他人的參與才能完成。正如林肯說過的「人人都喜歡受人稱讚」，明白了這一點，我們就知道了「尊重與被尊重」對一個人有多重要，那麼，在我們平常的人際交往中，我們就該懂得怎麼去做，才能讓他人感到內心愉悅並且真心喜歡你。

一、不隨意批評他人

有些人似乎養成了一種不以為然的惡習，他們動不動就批評、指責他人，有些人更以此為快。一旦出現了問題，他們首先想到的就是射出批評之箭，中傷他人。其結果要麼傷害他人，要麼被人抵擋，弄得自己反遭他人傷害。

其實，儘量去了解別人，儘量設身處地地去思考問題，這比批評責怪要有益得多，這樣不但不會傷人害己，而且讓人心生同情、忍耐和仁慈。「了解就是寬恕。」何不多點溫柔之術呢？

二、真誠地讚賞他人

渴求他人的注意，並希望他人感到自己重要，這也許是人性的一大特徵。因此，要滿足他人的這種願望，你只須學會一點：真誠地讚賞他人。

但有些人就是不擅長此道，他們要麼不去稱讚他人，要麼虛情假意，讓人一眼識破，這種虛偽的讚許只能更加令人反感，更遭人憎惡！何不發自內心，出於真誠，對他人施以稱讚之辭！同時，你也能從中獲得應有的回報。

三、滿足他人的需要

我們每個人都有自己的需求，有些人做事往往過於強調自己的需求，而忽略或不顧他人的需求，這樣他們反倒無法實現自己的需求。從事推銷業務者，為何有些人頗為成功，業績顯著，而有些人總是碰壁？因為前者善於從為他人考慮的角度來從事自己的業務，而後者只是想達到自己的目的，沒有考慮他人的需求與反應。

現實中的很多事情不也是同樣的道理嗎？

11．塑造你自身魅力

你外出參加一個會議，放眼望去，四周都是一些陌生的臉孔，令你覺得很不自在，你不知道該如何才能把自己「推銷」出去。正當你猶豫不決的時候，你發現會場上出現了一個傢伙，從容不迫地先和你打招呼，並且泰然自若地和你侃侃而談。你覺得對方既開朗又熱忱，態度親切而且很有感染力，你不禁暗中佩服他的功力：「為什麼我就沒有這種本領？」

在我們生活的四周，總是有這種魅力無窮的人，他們非常易於察覺人際往來的微妙互動關係，只要有他們出現的地方，總是很能帶動氣氛，使人如沐春風，樂於接近。

你可能想到的是，聰明、仁慈、有活力、美好的外貌等等。不錯，這些都是一個人是否受歡迎的條件。但是，人際溝通專家認為，魅力並不是一項單純的性格或特徵，而是一個人多方面能力的綜合體現。

不過，具有這樣的魅力，看來還真不是件簡單的事。根據觀察，有魅力的人，幾乎都是由豐富多樣的社交技巧中磨鍊出來的。

譬如，「印度聖雄」甘地就被認為是一個非常具有魅力的人。然而，甘地的魅力並非天生。據說，從年輕的時候開始，甘地就有心打入英國上流社會的社交圈，立志成為一位「英國紳士」，因此，他十分有計畫地克服自己各項弱點，訓練自己面對群眾的演說技巧與溝通的能力。

身為一個外國人，甘地明白他的皮膚顏色及外國口音是絕對改不了的特徵。但是，他改變髮型，勤練英國式腔調，裝扮適當，頻頻出入各種社交場所。

甘地的魅力，在於他能運用簡潔誠懇的語言和人交談。毋庸諱言，經過長時間培養出來的社交能力，日後對甘地的政治生涯有著很大的助益，不但能與英國的領導階層平起平坐，暢談政治，也抓住了全印度甚至全世界人的心。

人際專家指出，魅力奠基於良好且發展均衡的溝通技巧，而這種技巧在平常的生活中就可能練習。美國加州州立大學心理學博士瑞吉歐形容：「就好像是欲成為名小提琴家一樣，魅力必須通過不斷練習、練習、再練習，才能有所收穫。」

1．必須要有強烈的動機——任何人都希望自己變得更有魅力，而首先就必須對魅力具有強烈的渴望。

2．必須循序漸進，從外表開始著手——雖然說不應以貌取人，但無可否認，外表有時可以左右別人對我們的看法。

3．學會放鬆，自由抒發感情——擁有一顆開放真誠的心，隨時與人做情感的分享與交流，會讓生活更有趣，而且讓別人更容易接近自己。

4．**多聆聽觀察別人**——在人多的場合，隨時注意別人談話時的聲音與表情，你不妨想像自己是大偵探福爾摩斯在辦案。仔細地研究別人的一舉一動，可增加自己對他人情緒敏銳度的掌握。

5．**強迫自己與陌生人交談**——排隊買票、問路、到商場購物、等車時、鄰座的陌生人等，都是不錯的時機。

6．**即興演講**——你可以在家裡對著鏡子練習，最好把過程錄下來，作為改進的參考。人們之所以拒絕在他人面前表達自己，多半是由於害羞及缺乏自信。如果你能隨時面對各種話題不假思索地談話，將是你提升魅力的本錢之一。

7．**嘗試角色，體驗生活**——很多魅力人物，都是生活經驗豐富的人，生活經驗幫助他們培養出開闊的眼界。以羅斯福總統為例，除了當總統以外，年輕的時候他還曾經當過牛仔、士兵、警察局長、律師、作家、新聞記者。

8．**走向人群，實際投身於各種社交場合**——雖然說，你可以藉著不同的觀摩練習來磨鍊技巧，但是，正如歐吉瑞博士強調的：「惟一能讓你成為一流好手的最佳途徑，便是直接走進球場，面對著強勁的老手捉對厮殺。」

當然，一個人魅力的培養不是在某一方面訓練幾下就可以了。既然是一種綜合素質的體現，那你就應該全面提高自己的能力與素質，以成為一個頗有魅力之人。

12．別傷他人面子

我們常聽到這樣的話：「某某人太不給面子了！」

「這是面子問題，不是原則問題。」

「面子被丟光了，這一口氣非討回來不可！」

「面子」是什麼呢？「面子」是一個人在團隊中的「尊嚴」，是一個人立足的「根本」。換句話說，是代表一種「地位」，所以你如果當面羞辱某人，他就會覺得被同仁看笑話，自己很沒「面子」。他有可能會為此而與你拼命！

所以，在社會上行走，你一定要了解「面子問題」，如果處理不當，會對你的人際關係和事業造成很大的困擾。

不過，「面子問題」是一個很微妙的事情，有關面子的事大多不好明說，只能靠自己去體會。這樣「面子問題」不是很難處理了？其實，只要抓住兩大原則就可以了。

第一個大原則是消極的，也就是不要做出「不給面子」的事。例如——

不要當面羞辱他人，尤其是那些帶有人身攻擊的羞辱更是不宜。

對某人有意見，應私下溝通，最好不要當面揭發，以免他下不了臺。

強龍不壓地頭蛇，不要越界管人閑事。

打狗看主人，勿因意氣而羞辱對方的手下之人。

遇到分輸贏的場合，手下留情，不必贏得太多。

「心中有別人」。也就是有上司、有長輩、有主人，不要逾越自己的本分。

不要搶別人的功勞，也不要占別人的機會。

這一方面說也說不完，總而言之，只要心中懷著對他人的尊重，替對方著想，那麼就不致做出「不給面子」的事了。「不給面子」的事最易引起是非，所以必須小心。

第二個大原則是積極的，也就是主動給對方「面子」。例如——

替對方在同事、朋友及上司面前說好話，為他做公關，但不可太露骨、刻意，讓人一看就是假意。

對方有喜慶之事，主動以適當的方式參與慶賀。

適當地吹他、捧他，不動聲色，不為外人所知地主動替他解決問題。

總之，具體的做法說不完，只要帶著「我替對方做什麼才能讓他有面子」的想法，來做就對了。這兩大原則，前者可使你避免出現人際關係問題，後者則可積極地建立良好的人際關係，而你的付出，也必然得到回報！

也許你會說，「面子問題」太虛偽了！對，是有些虛偽，但社會就是如此，如果你忽略這個問題，就會吃苦頭。

13．讚美別人不怕多

喜歡得到他人的讚美，這是人性的一個特點。我們很多人都喜歡他人讚美自己，就是自己對此過於吝嗇，他們一直沒有這種習慣，沒有意識到「讚美」二字的魔力——這兩個字不但讓別人高興，也讓自己獲得了無數的友誼和幫助——好像大家受了他的讚美，都對他有虧欠似的！

其實，不僅成人需要讚美，小孩子也需要大人的讚美，不信你向一位小女孩稱讚她長得漂亮可愛，或是她的洋娃娃很好看，看看她的反應如何？你也稱讚一位小男孩，說他長得很帥，說他的玩具槍好厲害，看看他高不高興？

成人看似心智成熟，其實需要讚美的心理並未消失，所以女孩子買了新衣服，總要問問女伴「好不好看」。如果說好看，她便樂了。男人呢？如果說一位年輕人長得又帥又酷，他包準高興；對中年人說他性格有味道，他也一定開懷！

所以，在社會上行走，你一定要善用「讚美」二字的魔力，它可以提高、潤滑你的人際關係，讓你到處受歡迎。

讚美別人要自然、順勢。不必刻意為之，過於刻意會顯得「另有所圖」，可能對方不領情，反而弄巧成拙。

此外，也不必用大嗓門讚美，這反而變成酸葡萄，有挖苦的味道了！最好是私下向對方表明你的看法，這種表示方法也比較容易造成雙方情感的共鳴！

1．**讚美要看對象**——對喜歡漂亮的女孩子你就要讚美她的打扮；有小孩的母親，最好讚美她的小孩，「慈母眼中無醜兒」，讚美她的小孩「聰明可愛」準沒錯；工作型的女孩子除了外表之外，也可讚美她的工作績效；至於男人，最好從工作下手，你可稱讚他的腦力、耐力，當然如果他已成婚，也可讚美他的妻子、小孩。

2．**用詞不要太肉麻**——能適當地表達你的意思就可以了，而且也不宜太誇張，太誇張也會讓人感到是一種挖苦。一般來說，「不錯」、「很好」、「我喜歡」之類的用詞就夠了！

3．**多讚美「小人物」**——當他們有一點小表現，讚美他們兩句，保證你會收了他們的心，因為他們平常欠缺的就是讚美！很多人也往往不會想到去稱讚他們！

其實人都需要肯定，尤其是外人的肯定。有外人的肯定，自己的存在便有了意義，而讚美就是肯定的一種形式。讚美不用花錢，又可鼓舞人心，讓人快樂，並為你贏得友誼，你又何樂而不為呢？

14．做人得有「人情味」

人與人相處總是會有情分的，這種情分就是「人情」。做人就得有「人情味」，就連有些動物也有親情。但是有一點，我們不能濫用「人情」。有些人喜歡用「人情」來辦事，但「人情」是有限量的，好像銀行存款一樣，你存得越多，可支取的錢就越多；存得越少，可支取的就越少。你若和別人只是泛泛之交，你能要他幫的忙就很有限，因為他沒有義務和責任幫你大忙，你也不可能一次又一次要他幫你的忙。因為你的人情存款只有那麼一點點，如果你要求得多，那就是「透支」了。

你們之間的感情淡化，甚至他人會對你避之惟恐不及，那麼有可能進一步發展的情分就此斷了。你在他人的眼中變成了一個不知人情世故的人，這對你是相當不利的。

然而人做事不可能單打獨鬥，有時還是要用到親戚朋友，換句話說，要動用到人情存款簿。那麼，該如何動用自己的人情賬簿才不至於「透支」呢？

先掂量一下你和對方的情分，再決定你是不是要找他幫忙。

如果能不找人幫忙就儘量不找人幫忙，這就好比銀行存款，能不動用當然最好。儘量把這人情用在刀刃上。

動用人情的次數要儘量減少，以免提早把人情存款用光。

要有適度的回饋，也就是「還人情」。回饋有很多種，像是主動去幫忙對方，請吃飯送點小禮物都可以。總之，不要把人家幫你忙當成應該的，有「提」有「存」，再提還有！

就算對方曾欠你情，你也不可抱著討人情的心態去要求對方幫忙，因為這有可能引起對方的不快。斤斤計較的人，你們交情再深，也不可輕易找他幫忙，否則這人情債會像向地下錢莊借錢一樣，讓你吃不消。

如果你不了解這些，動輒找同學、同事、朋友幫你的忙，那麼你就曾發現，你慢慢變成了一個不受歡迎的人。當然也有主動幫你忙的人，但切勿認為這是天上掉下來的，如果你不適度做出回饋，這也是一種「透支」。

正如合理理財一樣，你也要管理好你的人情賬簿！

15．不要令人生厭

有些人喜歡故意侮辱別人，而蓄意作弄別人在他們看來也很平常——你幾乎可以天天都見到有人如此。但絕對沒有人在精神正常的狀況下會故意去做些令人厭煩的事。我們每個人或許都有一大串特別懊惱、痛恨的事，但我們應該都同意，「乏味」是最常見、最令人頭痛的社交情形之一。可悲的是，直到目前為止，似乎沒有人想出什麼辦法去消除它們，因而我們也只能盡力逃避而已。弄清哪些是令人生厭的情形，並努力讓自己避免，做一個討人喜歡之人。

在我們的周圍，很多人總是在不斷地令人乏味，讓人生厭。這種人說不上有什麼罪過，也算不上什麼不軌行為，卻對他人有著極大的危害。而且我們生活的這一世界也無法將這些令人乏味的人或事隔絕開來，使它們不至於總是糾纏我們；現在的醫學十分發達，可以治療許多疾病，如口臭、便祕、喉嚨發癢、頭痛、掉頭髮等等，但至今似乎仍沒有什麼藥方可以治療這種「令人乏味」的疾病。那麼你是不是屬於這種人呢？

1．女人不停地談論小孩或丈夫的事——「你的小孩好嗎？」是一句最普通的問候語，卻也最會招來一大串令人生厭的報告。這些報告通常沒有什麼價值，但只要這些人一打開話匣子，你就只有坐在那兒的份了，她們滔滔不絕的話題會把你淹死，她們就是不給別人發言的機會。

尤為可恨的是，這種人能夠把各種話題輕而易舉地引到她所想要說的方向，無論是多麼風馬牛不相干的事，都能馬上「言歸正傳」。你若想把話題岔開，比如談談影視明星或其他什麼，還是一點用處也沒有，她們仍舊只喜歡滔滔不絕談自己的寶貝孩子或是老公等等。

2・談話老是沒有重點的人——馬克・吐溫有篇作品，是模仿一個嘮叨乏味的人如何漫無邊際地描述一件事，卻從沒有講到要點。故事是這樣的：「啊，我跟你講過我到西部參觀哈比印第安村的事嗎？我們是星期五早上出發的——啊，不是，應該是星期四——記得嗎？我告訴過你我們得星期四走，因為星期三我要看牙醫。我上面的牙有點鬆動，因此要牙醫幫我修理一下。天，那個牙醫真是囉嗦，一直講個不停。幸好他還懂得做生意。我曾和上司提起過他。說到我的上司，他真是個怪人，什麼事都要靠我，因為他老是心不在焉。有天，我對愛拉說：『愛拉，假如我哪天不幹了，你想我的上司會怎麼辦？』愛拉回答說：『比爾，假如你辭職不幹，我就要回家去找媽媽了。』這不是很孩子氣嗎？」

結果，你一直都不知道那個哈比印第安村究竟是怎麼一回事！

3・不管談什麼，都一直要爭論不休——與這種類型的人交談，任何話題都會像回力球一樣，反彈打到你臉上。這種人似乎知道每件事的答案，並且能斷然用幾句話便很有效率地結束任何討論，別人都沒有再發言的餘地。

假如你同他有不同的觀點，他會毫不客氣地指出你得了嚴重的鬥雞眼。

「天啊，你瘋了嗎？」他大聲咆哮，「難道你不知道這事早經證實，就是……」或是，假如他當天情緒較好，則會放低聲音如此這般地告訴你：「不是的，你完全錯了！我告訴你……」

這種毫無情趣的人，其實也是不成熟的表現。麻煩的是他們總會告訴你一些事——斷然地、結論性地、魯莽地——而且也不是你特別喜歡聽的東西。

應付這種人，只有一個方法：就是無論他講些什麼，都要表示同意的樣子。否則，縱使溫和地表示不同意，那麼，一場消耗戰便要弄得你精疲力竭了。與這種人交談，你很難期待能彼此討論或交換看法，因為他只注意如何把自己的意見說清楚，並且像摩西頒布律法那樣具有不可侵犯的權威性。

4．永遠唱低調的人——這些人充滿悲觀的看法；在他們眼中，這世界簡直像地獄一樣。他們對人生沒有什麼指望，認為人世間到處是傻瓜、騙子和各式各類惡毒的人；甚至連氣候也變了——當然是變得不穩定，變得比以前更壞了。

與這種人談上十幾分鐘，你大概也會不知不覺地感染上這種低調，變得悶悶不樂起來。因為這種氣氛跟壞天氣一樣，具有不良的影響，無論你自己的情緒有多好，只要氣候一變，也很難不被捲入風暴裡了。

我認識一位太太，正是這類的典型。每次見面，她都要向我詳細報告近況。不幸的是，似乎總沒有一件是好事。

「我剛去逛街，想要買些廚房窗帘的布料。」她會這麼開始，「沒有一個店員過來幫忙。我足足等了有十幾分鐘。他們不是很忙，只是走來走去，或聚在角落裡聊天。當然，他們偶爾也望我一眼，但大概覺得我不像是什麼有錢人，不值得特別伺候。其他店的情形也是一樣，我最近真是受夠了！還有，我的健康情形也愈來愈壞。醫師說，他實在不知道我日子是怎麼過的——我的消化功能已快要完全喪失了！還有這天氣，總是使我的骨頭疼痛難當。像我這種情形，也許你會以為我的家人多少會關心我一點，但是，不瞞你說，若我需要什麼幫忙，這可是我最後會考慮的地方。」

這僅是舉出一小部分而已。這些人能抱怨的可是毫無止境。

無論是喜歡訴苦的女孩，或是健壯的大男人，這類人只要一開口，通常是說個沒完沒了。他們把自己放在舞臺中央，是各方注意的焦點。只是，聽眾所能回報的，大概只是一個大大的、深長的呵欠，並希望自己就此失去意識，直到話題結束為止。

對這些令人苦惱的人士，最麻煩的是，他們並不知道自己的言談令人生厭。正如我們所說，沒有人會故意惹人討厭。這些人，他們認為自己是各種集會的活力源泉，是聰明伶俐的社交家，是提供情報或珍貴訊息的人。也許你和我也正是這一類型的人，只是自己毫無察覺罷了。

所幸這類狀況還是有跡可循，只要我們留心觀察，隨時警覺，應該還能及時挽回我們的聽眾。比如，有些聽眾會現出不自然的微笑或眼神。如果我們正滔滔不絕談到自家的小孩如何討人喜歡，然後，發現聽眾正坐立不安、心神不寧的樣子，便要趕快停止話題。或是對方也有機會可以談談他們家的孫女兒，當然，接下去便是輪到你受苦了。

另一個值得注意的現象，是對方開始偷偷地看手錶。假如人他們開始用力甩手錶，或是把手錶拿到耳朵旁邊，其用心就更明顯了。你那時若不立即打住話題，就要明白對方已開始在內心嘀咕，甚至開始咒罵了。公開演講的人士尤其應該隨時注意這種「看錶症候群」。

第6章

好的環境不如好的心境

天天擁有好心境的人，才是真正的富有者。
陽光，是萬物生長之源；歡笑，則是人的精神生活的陽光。
幽默是人的個性、興趣、能力、意志的一種綜合體現，
它是生活的調味品。
快樂並非取決於你是什麼人，或你擁有什麼，
它完全來自於你的思維方式。

1．調節情緒

人活於世，做人做事若能「率性而為」，那人生就沒什麼好遺憾的了。問題是，你不是天地間唯一的存在，可以想做什麼就做什麼，而別人也不可能為了你而存在，對你一切都言聽計從。人的一生中，總會遇到許多人際關係和事業上的不如意，這些不如意需要以智慧和耐心去解決，而不是靠你一時的喜惡和脾氣。

如果你看不慣老闆的苛刻，就說：「老子不幹了！」這樣並沒有解決問題，因為苛刻的老闆很多，你在別的地方也會碰到，而你辭職，又有誰在乎呢？你若失業，不僅沒人在乎，說不定還有人在偷笑哩！如果你嫌工作辛苦，就任性地放棄，那麼你放棄的可能是一個絕佳的機會——當然，也沒有人在乎你的放棄，因為那是「你自己的事」！如果某人激怒了你，你就拿起刀子……那麼，你坐了牢，毀了一生，倒楣的是你，傷心的是家人，別人是一點也不在乎的……「你自己的事」呀！

最重要的是，時間久了，你就會養成一種放縱自己情緒的習慣，遇到問題就順著性子去做，有時候你真的解決了問題，但也許為你自己的將來埋下了禍因。也許你得罪了很多人，即使他們不說，日後還是會伺機報復的。因此長久下去，對你的事業和人際關係就會碰壞多，建設少，甚至還有可能帶來毀滅。尤其你一旦給人「不能控制情緒」的印象，那真的是難以翻身。所以落魄的人、自我毀滅的人，多半是一種性情中人，這一點，只要我們觀察那些人就可以明白。

或許你會說，某人有顯赫的家世、雄厚的家產，當然可以「任性而為」。這種人也說隨他去了，因為如果想任性而為，別人也勸不了的。問題是，你有這種「任性而為」的條件嗎？何況這種人任性而為的結果常常是毀滅哩！

所以，無論在事業上還是人際關係上，遇到不如意時，請別說：「只要我喜歡，有什麼不可以？」而是應該：忍耐；掂量輕重；然後再做出決定。

審視一下你的性情，如果不好，那麼就先改改你的性情，更不可任著自己的壞性情隨意而為！

富蘭克林為了控制自己的情緒，給自己規定了嚴格的每日自我檢查表。富蘭克林自我解釋他的做法是為了培養美德的習慣。他的十三種美德要求如下：

1．**節制**——食不過飽，酒不濫飲。

2．**寡言**——言多必失，避免無益的聊天。

3．**有秩序**——東西應有一定的安放秩序。每件日常事務當有一定時間去做。

4．**決心**——當做必做；決心要做的事應堅持不懈。

5．儉樸——用錢必須於人或於己有益，換言之，切戒浪費。

6．勤勉——不浪費時間；每時每刻做有用的事，戒掉一切不必要的行為。

7．誠懇——不欺騙人；思想要純潔公正；說話也要如此。

8．公正——不損人利己，不要忘記履行對人有益而又是你應盡的義務。

9．適度——做任何事情，要避免極端。

10．清潔——身體、衣服和住所力求清潔。

11．鎮靜——勿因小事或普通不可避免的事而驚惶失措。

12．貞節——除了為健康或生育後代起見，不要過度縱慾。

13．謙虛——學會謙虛待人。

不要立刻全面地去嘗試，一個時期掌握一種美德即可。這樣不會導致分散注意力。待一種美德養成習慣後，再培養下一個。

2．幽默是每個人必修的學分

每天睜開眼睛，你好像總是碰到一些不如意的事：開車上班，路上車子拋錨了；到了辦公室，被主管責怪；昨天的企劃方案做得不夠好，而隔壁的小玉卻擺出一副幸災樂禍的樣子；下班回家，路過商店順便買些東西，到家之後才發現是過期的，你氣得回去找店家講理，對方的態度卻十分惡劣……

仔細想想，我們每天生活在這種複雜而紛亂的環境裡，好像很難維持一種好心情，很難快樂起來。但是，你甘心這樣逆來順受地過日子嗎？有沒有什麼方法可以幫助我們改善呢？有，培養你的幽默感。

幽默是一種人生的態度，也是一種生存的技巧，幽默能產生一股力量，以對抗周圍不如意的境況。幽默能使人放鬆心情，減低壓力。除此之外，凡是具有幽默感的人，通常在生活滿意度、生產效率、創造力以及工作士氣等方面都勝過那些沒有幽默感的人。

美國的一些企業就曾經做過實驗，證明幽默感確實能夠改善生產力，提升士氣，並有助於團體合作。某些企業甚至讓員工接受幽默訓練，想盡辦法增加員工的幽默感。在科羅拉多州的迪吉多公司，參加過幽默訓練的二十位中級主管，在九個月內生產量增加十五%，病假次數減少了一半。

幽默大師林語堂先生就曾經說過：「幽默」對一個民族來說，是生活中非常必要的條件。他認為，德國威廉皇帝就是因為缺乏幽默的能力，才喪失了一個帝國。在公共場所中，威廉二世總是高翹著鬍子，好像永遠都是在跟誰生氣似的，令人感到可怕。有些偉大領袖或者政治家，如富蘭克林、林肯、羅斯福、邱吉爾等就非常具有幽默感，並且普遍地受人愛戴。

當然，我們不可能每個人都成為偉大領袖或者政治家，但這並不表示我們就不能像這些偉人一樣擁有幽默感。至少在你生活的周圍，你可以因為幽默感而變成一個受歡迎的人，使別人樂於和你接觸，樂於與你共事。你可以把幽默當成禮物，到處送人，並且絕對不會遭到拒絕。

你也許想問，想增加幽默感，有沒有什麼祕訣呢？有，而且非常簡單——只要隨時懷著好玩、有趣的心情看待每一件事。

電梯壞了，就開始爬樓運動；碰上塞車，就乘機欣賞路旁風景；隔壁的鄰居老是想看你的「笑話」，你就真的好好說個笑話給他聽……，用這種趣味和遊戲的幽默方式來替你自己打氣，你就會豁然發現，每天出門都是那麼神清氣爽。

具體說來，下面幾個方面值得你注意——

1·用幽默反擊命運——這一點猶太人最厲害，猶太人幾世紀以來一直受到迫害，猶太人的幽默哲學是對抗命運最佳利器。什麼才叫做有幽默感？這個標準實在很難把握，因為每個人對事情的感受程度不同，有人碰到某些狀況會認為好笑，因為他可能有過相同的經驗，但另一些人可能就會覺得無聊。

大多數人的生活是很苦悶的，而「幽默感」則是人對於悲慘命運的惟一反擊。我們每天只要一出門就會看到一大堆令我們不舒服的事，何不利用幽默感來放鬆自己？

聽說國外有一種「幽默感訓練」，這個主意不錯，但是一個人的幽默感不一定完全可以訓練出來，頂多只是觀念的啟發，恐怕無法傳授技巧。因為幽默「感」本來強調的就是一種「感覺」，這是很個人主觀的東西，必須靠自己去修行。不過，如果你自認為沒有什麼幽默感，只要經常到人多的地方，保證隨時都可以看到不少笑料的。一旦你覺得好笑，就大聲地笑出來吧！

2・機智是幽默的源頭——有人批評中國人沒有幽默感，其實中國歷代以來很懂得幽默，尤其是一些君主，常常有一些詼諧睿智的言論。但是由於中國人受到太多傳統教條的束縛，凡是「裝瘋賣傻」就會被視為不夠莊重、不夠威嚴，所以，得擺出一副道貌岸然的模樣。

一個國家的元首如果不夠幽默，那麼這個國家一定很悲哀。觀察古今中外的例子，在越是民主的國家，元首就越有幽默感。，而那些獨裁國家，獨裁者總是擺著一張冷若冰霜的臉孔。如美國總統常常成為電視節目主持人公開挖苦的對象，也絲毫不以為意。

英國首相邱吉爾也非常有幽默感，有一次，他到國會發表演講，一名女性議員對他的演講內容極不滿意，站起身說道：「如果我是你太太，我一定想辦法把你毒死。」

邱吉爾回答得則更絕：「如果你是我太太，不必等到你下手，我會先把自己毒死。」

對中國人來說，「幽默（humor）」這個字是不折不扣從英文直接翻譯的「舶來品」，中國人向來使用的形容詞則是「詼諧」、「滑稽」等等，所有的幽默都來自「機智」，這和「搞笑」不同，好笑的事情不見得就是幽默，幽默可以反覆咀嚼，值得一看再看，一想再想。好的幽默題材更令人拍案叫絕，出乎意料，甚至讓你笑出眼淚，因為它觸碰到人的內心底層，你覺得它說的根本就是自己。

幽默與天生的性格有關，但也可以培養。有一句話：「能每天對著鏡子微笑的人，就會有幽默感。」幽默感應該是日常生活的累積，多看有趣的書，聽有趣的事，接受有趣的人。你可以常常利用散步和搭乘公車的時候觀察他人的表情，有著急的，有憂愁的，有無奈的，有若有所思的，也有面無表情的，同時你也可以猜猜他們可能發生了什麼事，自己忍不住就會笑了起來！

3．幽默的人愛問「為什麼」——做廣告，幽默感很重要，一則幽默的廣告可以引起消費者的興趣，甚至喜歡這種產品。幽默遠比板起面孔說教更容易打動人心。

譬如，有一個賣刮鬍刀的廣告，用了一句廣告詞：「要刮別人的鬍子，先把自己的刮乾淨」；還有一個賣吸塵器的廣告，用略帶誇張的口吻強調自己有「好大的口氣」……這些都是運用幽默感來表現創意的例子。

幽默感可以說是廣告創意人員必備的條件之一，而幽默感的培養則與本身的生活態度息息相關。基本上，「創意」這兩個字，就是打破傳統，改變現狀。所以，如果你經常思考問題，又很有好奇心，看到事情會反問「為什麼」，你大概就能成為一個具有幽默感的人。

幽默必須言之有物，不能光耍嘴皮子，那叫做刻薄。刻薄的人總是拿著劍去刺傷別人，不檢討自己，這種人十分惹人厭惡，應該送他到地獄去拔舌。幽默的人給別人的感覺是溫暖、仁慈、敦厚，說出來的話能讓人哭、讓人笑、讓人反省、回味無窮。即使是講笑話，除了令人發笑之外，也要講究深度，如果只是為了開玩笑而已，那會令人倒盡胃口。

還有，幽默應該是一種手段，而不是目的。就好像小孩子玩遊戲，雖然表面看起來很輕鬆愉快，但是他們的態度卻很認真。

如果你想成為一個受歡迎的人，如果你想增添自己的魅力，如果你想讓自己變得輕鬆快樂，那就學一點幽默感，做一個幽默之人吧！

不過有一點必須注意，發揮你的幽默感時，必須看場合和對象，粗俗的幽默最好避免，否則就不是幽默，而是鬧笑話了。

幽默可以使人放鬆心情，以愉快開朗之心去應付複雜的人生。但是，講述幽默笑話時，也必須注意到時機、場合和聽眾，因為不是所有幽默笑話都適合在各種場合講給所有人聽。因為，幽默與刻薄常常因聽者的心情與立場不同，而有不同反應。幽默，可以使人歡笑，但若使用不當，也會使人不悅。

因此，一個「幽默高手」在講述笑話時，應顧及聽者的心情與尊嚴，避免過度的譏笑與嘲諷；否則自以為幽默的笑話，一不小心，擦槍走火，反而會冒犯他人，得不償失。所以，西方哲人說：「幽默是用來逗人發笑的，而不是用來刺傷人心的！」

3．快樂祕方

大多數人汲汲一生，大都熱中於追求財富、權勢、名譽，我們很少聽人直接地說：「我想追求快樂。」因為，一般人總是相信，當他們得到財富與名利之後，快樂就隨之而來了。不過，等到他們耗費畢生力氣追到手之後才恍然大悟，快樂非但沒有來，反而換來了痛苦。

快樂的人知道，快樂是人生最重要的價值，也是一種生活的態度；而那些經常抱怨生活，或者活在痛苦邊緣的人，他們羨慕別人的快樂，也希望自己活出快樂，但他們總是跨不進那扇快樂之門。

要追求快樂的生活，看似容易，卻需要相當的智慧。

那麼什麼是快樂呢？

快樂就是一輩子做自己喜歡的事。

快樂是全力以赴，追求卓越。快樂就是充滿希望。

快樂的人只問耕耘，不問收穫。

每天生活緊張的人，是不會快樂的。

凡事順其自然，不必強求，就能快樂。

人一旦只為錢而做事，那就注定與快樂絕緣。

快樂不是一種興奮劑，而是一種心靈的安定劑。

快樂的人懂得珍惜，他們從不埋怨自己缺少什麼，而會珍惜自己所擁有的。

以工作為遊戲時，生命就充滿了快樂；以工作為義務時，生命就變成了無奈。

快樂看似抽象名詞，卻會因人而異無所不在，無處不有！

你快樂嗎？如果你不快樂，那你不妨聽聽他人的經驗，早日找到通往快樂之門。

這些快樂之人認為——

1．實現願望就是快樂——有人說，快樂的祕訣就是一輩子做自己喜歡的事。它是一種「幸福的美感」。快樂是比較即興的、短暫的，幸福卻是持久的，需要長期經營。

2・快樂之人要擺對自己的位置——要做一位快樂主義者，但大多數的人中，十個裡面幾乎有九個都不快樂。

不快樂的人常常會帶給別人壓力，他們經常抱怨這個，抱怨那個。但說也奇怪，不快樂的人通常不會承認「我不快樂」。

快樂需要智慧。快樂的人活得都很有味道，很瀟灑，也很豁達。他們體悟到生命的無常，不知何時災難突然就來，惟有保持豁達才能從容應付。

很多不快樂的人，他們痛苦的來源是因為「把自己擺錯了位置」。

快樂的人非常清楚如何安排生活，不快樂的人，每天睜開眼睛總是懷疑地自問：「我究竟要幹什麼？」

我們周圍有很多人，當他們下了班之後，就像個泄了氣的皮球，整個人癱坐在電視機前面，要不就是酗酒、流連情色場所，生活得很無奈。這種人一定是擺錯了位置。他可能想賺更多的錢，想爬得更高，或者有更多的欲望，由於不知道割捨，想要的太多，結果反而掉入痛苦的深淵。

所以說，要找快樂，就是懂得做出選擇，看你究竟把什麼擺在第一位？權力、名聲、財富，還是快樂？心理學家認為，快樂來源包括「新的刺激」與「不斷超越」。這就說明了那些酷愛山的人為什麼總是喜歡向高峰挑戰的道理。

快樂是一種生活的態度。假使一個人一輩子有財富與名利，卻沒有快樂，仍舊只能算是虛度此生，因為這種人只是「賺錢的工具」。

3．隨興、隨心、隨緣就是快樂——有一位知名作家說過一句話：「快樂與哀傷就像兩條並行的鐵軌。」佛家也認為：「所有的快樂都是短暫的，人生其實是痛苦的。」人的一生，憂苦的時候比快樂的時候多。

但是，話雖如此，我們並不一定就得哀哀戚戚地過日子。仔細想想，在我們的周圍，每天都會聽到一些壞消息，這些消息已經讓我們無所逃遁，那為何不去找一些令人振奮的事情來替自己打氣呢？

很多人認為，快樂難找，其實不然。談快樂，其實根本不必用什麼偉大的理論，應該落實在世俗的生活層面。

菜根譚中有一句話：「一生福厚，只在茗碗爐酒。」這個意思是說，人一生最大的福氣，就是碗裡面有茶，爐灶裡面有火。這是勸世人要澹泊，凡事都不要太計較、太強求。把對物欲的要求降得愈低，就愈能感受到自己所享受的福分很厚。

物質上如果保持恬淡，精神上就能有更大的空間去豐富它。而且，物欲上的東西「邊際效益」遞減的速度特別快。我們常嘆：「人生無奈，總是有牽扯不完的瑣事，不是擔心這個，就是擔心那個。」在短暫的生命中，每個人應該留一些空間做自己想做的事。而且只問耕耘，不問收穫。

人生的終極目標就是成功和快樂。一個失敗的人生那等於枉度一生，一個沒有快樂的人生也等於虛度此生。從現在開始，追求你一生的成功與快樂吧！

4．憤怒是最愚蠢的自罰行為

留心四周，你隨處可以找到正在生氣發怒的人們。商店裡，也許顧客正在和店員吵架；計程車上，司機也許正因交通堵塞而滿臉怒色；兩人為了排隊引起爭執而大打出手……此種情形，不勝枚舉。那麼你呢？是否動輒勃然大怒？是否讓發怒成為你生活中的一部分，而且你是否知道：這種情緒根本無濟於事？也許，你會為自己在這種藉口之下，你不時地自我生氣，也衝著他人生氣，你似乎成了一個憤怒之人。

憤怒情緒對人的心理沒有任何好處。從病理學角度來看，憤怒可導致高血壓、潰瘍、皮疹、心悸、失眠、疲累甚至心臟病；從心理學角度來看，憤怒可以會破壞情感交流、導致內疚與沮喪情緒。總之，它使你不愉快。你可能不相信這種觀點，因為你或許聽說過發火要比生悶氣更有助於身心健康。是的，生氣時把氣發出去比把氣憋在心裡要好得多；但是，還有一種比發火更好的辦法——根本不動怒，為什麼不採用這種方法呢？這樣，你便不會為決定是發火還是生悶氣而自尋煩惱了。

發怒，完全是一種可以消除與避免的行為，只要好好地把握自己，你就可以讓自己走出這一誤區。當然，你需要選擇很多新的思惟方式，並且需要逐步實現。每當你遇到使你憤怒的人或事時，要意識到你對自己說的話，然後努力以新的思惟控制自己，從而使自己對這些人或事有新的看法，並做出積極的反應。

下面是消除憤怒情緒的若干具體方法——

1・當你憤怒時，首先冷靜地思考，提醒自己：不能因為過去一直消極地看待事物，現在也必須如此，自我意識是至關重要的。

2・試試推遲動怒的時間。如果你在某一具體情況下總是動怒，那麼先推遲10秒鐘，然後再照常發火；下一次推遲20秒，然後不斷延長間隔時間。一旦你意識到可以推遲動怒，你便學會了自我控制。推遲憤怒也就是控制憤怒，相信經過多次練習之後，你會最終完全消除憤怒。

3・不要欺騙自己。你可以喜歡令人討厭的東西。你也可以討厭某一件事，但你仍不必因此而生氣。

4・當你發怒時，提醒自己，人人都有權根據自己的選擇來行事，如果一味禁止別人這樣做，只會延長你的憤怒。你要學會允許別人選擇其言行，就像你堅持自己選擇言行一樣。

5．請你信賴的人幫助你。讓他們看見你動怒時便提醒你。你接到信號之後，可以想想看你在幹什麼，然後努力推遲動怒。

6．寫「動怒日記」，記下你動怒的時間、地點和事件。強制自己誠實地記錄所有動怒行為。只要持之以恆，你很快會發現，記錄動怒的行為本身將促使你少動怒。

7．在大發脾氣之後，大聲宣布你決心採取新的思惟方式，今後不再動怒。這一聲明會使你對自己的言行負責，並表明你是真心想改正這一誤區。

8．當你要動怒時，儘量靠近你所愛的人。消除敵對情緒的方法之一是握住對方的手，即使你十分不情願也要握住他的手，一直到你向他表明了自己的感情並平息了憤怒情緒之後，再鬆開手。

9．當你不生氣時，同那些經常受你氣的人談談心，互相指出對方最容易使人動怒的那些言行，然後商量一種辦法，平心靜氣地交流看法。比如可以寫信、由中間人傳話或一起去散散步等，這樣你們便不會以憤怒相待。其實，只要在一起多散幾次步，你便會懂得發怒的荒謬了。

當你要動怒時，花幾秒鐘冷靜地描述下你的感覺和對方的感覺，以此來消氣。最初10秒鐘是至關重要的，一旦你熬過這10秒鐘，憤怒便會逐漸消失。

1．不要忘記——在生活中，至少有一半人在一半時間裡會不贊成你的所作所為。只要預計到有人會不同意你的言行，你就不會動怒了。相反，你會告訴自己：世界就是這樣，並不是人人都同意我的感覺、思維和言行的。

2．應該記住——雖然有怒便發比積怨不發要好得多，但根本不動怒才是最為可取的。一旦你不再認為動怒是自然的、是人的一種本性，你便可以在內心消除憤怒。

3．提醒自己——孩子們總是活蹦亂跳、吵吵鬧鬧的，為此而動怒是沒有任何意義的。儘管你可以幫助孩子們在其他方面做出選擇，但你永遠無法改變其基本特性。不要總是對別人抱有期望。只要沒有這種期望，憤怒也就不復存在了。

4．自愛——你要是自愛，就永遠不會以動怒來折磨自己。

遇到交通阻塞時，給自己算算時間，看看自己能多長時間不動怒。注意控制自己。不要大聲責罵街上的行人，你可以有禮貌地同他打個招呼。坐在車裡等待時，你可以看看外頭的人，有些什麼不同的反應，也是十分有趣的一件事。

在遇到挫折時，不要屈服於挫折，應當接受逆境的挑戰。這樣你便沒空來動怒了。

憤怒沒有任何好處，它只會妨礙你的生活。同其他所有誤區一樣，憤怒使你以別人的言行確定自己的情緒。現在，你可以不去理會別人的言行，大膽選擇精神愉快——而不是獨自憤怒。

5．讓心理永遠年輕

當我們看到那些天真活潑、無憂無慮的孩子時，往往不禁要問：為什麼孩子們總是如此充滿快樂？其實，這正是在告訴我們：保持精神愉快的重要。對一個充滿生活壓力與精神負擔的成年人來講，有一種很好的辦法可以幫助你——儘量讓你的心理年齡保持年輕。

也許我們都聽到過類似的神話故事：在地球上的某個地方，有一個神奇的噴泉，只要喝上那裡的水，就可以使你返老還童……其實，這只是人們期望自己變得年輕的一種美好願望。那種想從喝的水裡，或者通過廣告語所描述的化妝品及其他任何身外之物上來尋找失去的青春都是荒謬可笑的。但是，只要你允許自己再成為一個孩子，就可以從自身汲取那源源不斷的青春之泉。

也許你會說：「我確實願意回到兒童時代——無憂無慮、天真活潑，但是，我肩負著家庭的重擔，經濟上的壓力，每天還有一大堆應接不暇的問題。我怎麼可能既像一個孩子，同時又盡一個成人的責任呢？」

事實上，你自願回到兒童般的狀態，這並不意謂著你必須放棄做一個成年人。它僅僅意謂著讓你活得更自由自在一些，讓你摘掉成年人的面具，記住你最初那雙睜大著的雙眼，並且發自內心地讚嘆整個世界以及其中的一切人和事物。

1．笑聲——人們在孩提時代總是喜歡笑，有時候孩子們會無緣無故地發笑，這是一種抑制不住的歡喜。如果你的笑聲越來越少，你就要想辦法別把事情看得過分認真。你可以回想一下你曾經覺得傷心的某些經歷，現在回想起來都是很好笑的，不如把它們一笑置之吧！下次當你遇到什麼煩惱之事時，就問問自己：「過些時候，這件事會不會也變得好笑呢？」如果是，也許你現在就可以一笑置之。

2．幻想——孩子們喜歡夢想，喜歡運用他們的想像力。還記得小時候那一個個充滿神奇與魔力的遊戲和故事嗎？這個豐富多彩、天真爛漫的幻想世界不僅僅妙趣橫生，而且是你生活中最健康的一部分內容。一般來講，那些小時候越沉浸在幻想之中並受到更多激勵的人，今後會表現得越富創造精神。

作為成年人，你也可以允許自己享受同樣有趣的幻想，以及精神健康的好處。你可以列出許多長期以來你夢寐以求的事情，不論是參加馬拉松比賽，還是上電視，或是周遊世界。然後，逐一排除那些在短期內完全無法實現的幻想。最後，你總可以找到一兩項你今天就可以實現的夢想。馬上去實現它們吧！然後，再開始計劃第二件可行的事情，慢慢地，你就會實現許多看似「幼稚可笑」的幻想，而且大部分會被證明是實實在在的成就。

3．聽其自然——人們在孩提時代總愛因為一時的感情衝動和冒險下行為而大喊大叫，然而，作為成人，我們往往容易不自覺地壓抑自己和自己的孩子，不讓他們流露出這種自發的感情。我們不停地叮囑他們「小心點」，要遵守規矩。我們就是在用這種方式向孩子們灌輸對未知事物的恐懼，同時奪去了他們對生活天地的好奇心。

下一次，當你的一位朋友一時興起而建議你去做某件事時，如果你還是張口要說：「噢，我不行！」時，請你等一等，先問問自己：永遠這麼一成不變地說：「我不行！」你受得了嗎？請傾聽自己那個早已失去的孩童般的心聲吧！

4．承認現實——俗話說：初生牛犢不怕虎。當嬰兒來到這一世界時，他沒有那些關於「世界能夠或者應當不同於它的本來面目」的想法。隨著年齡的增長，他們漸漸地懂得了如何去支配某些東西：如何從杯子裡喝水，如何幫大人幹活，如何與小朋友交往等——也就是從這時起，他們的腦子裡就開始出現「困難」這一情形了。那些變得精通於「事物應當是什麼樣子」的年輕人，可能會對世界沒有遵從他的期望或需要而感到憤憤不平。

就拿對待天氣的態度來說吧，孩子們把暴風雪當成一種自然現象來接受，並為之縱情歡呼，似乎所有的孩子都喜歡下雪。而大人則不一樣，他們往往想到的是自己的計畫受到阻礙，因而變得垂頭喪氣。他們忽略了這樣一個事實，即不管你是多麼憤怒，風雪也不會自動地停止。

5・信任——如果有機會，你可以觀察一下小孩子們初次見面時的情景，當他們剛剛見面時，可能感到害羞，直到相互熟悉為止。如果他們的感覺挺好，很快就能成為朋友，這是為什麼呢？因為他們能本能地互相信任。

如果你對新結識的人總是表情冷淡，這可能意謂著你本能的信任和孩子般天真的直覺已經受到「不信任」的腐蝕。這種不信任是引起你內心矛盾的痛苦之源。要學會從你周圍的人中得到，你就必須具有一顆童心，只要你是坦誠的，對方那顆躍躍欲試的童心也會感受到你那天真純樸的心懷。

6．走出孤獨

孤獨是人生的一種痛苦，尤其是內心的孤寂更為可怕。而現代生活中很多人卻深受這種痛苦的折磨，他們遠離人群，將自己內心緊閉，過著一種自憐自艾的生活。甚至有些人因此而導致性格扭曲，精神異常，這當然更為不值。其實，每個人一生中都會遇到不幸和挫折，當你面臨這種處境，不如面對現實，積極解決，隨著時間消逝，你就會走出困境與不幸，何必將自己那顆跳動的心緊閉，讓自己的人生陷入痛苦與不安？

雖然時代在進步，醫學更發達，但我們的社會卻有一種疾病愈來愈普遍，那就是處於擁擠人群中的孤獨感。

在加州奧克蘭的密爾斯大學校長林・懷特博士在一次女青年會的晚餐聚會裡，發表了一段極為引人注意的演講，內容提到的便是這種現代人的孤寂感：「二〇世紀最流行的疾病是孤獨。」他如此說道：「用大衛・里斯曼的話來說，我們都是『寂寞的一群』。由於人口愈來愈增加，人性已匯集成一片汪洋大海，根本分不清誰是誰了……居住在這樣一個世界裡，再加上政府和各種企業經營的模式，人們必須經常由一個地方換到另一個地方工作——於是，人們的友誼無法持久，時代就像進入另一個冰河時期一樣，使人的內心覺得冰冷不已！」

我們若想克服孤寂，就必須遠離自憐的陰影，勇敢走入充滿光亮的人群裡。我們要去認識人，去結交新的朋友。無論到什麼地方，都要興高采烈，把自己的歡樂儘量與別人一起分享。

根據統計顯示，大部分結過婚的婦女，都比先生活得長壽。但是，一旦先生過世之後，這些婦女都很難再創新生活。而男性由於工作的關係，基於工作本身的要求，他們不得不驅使自己繼續進步。通常，夫婦當中，先生要比太太來得強壯，也更富進取性。妻子則大部分以家庭為中心，並以家人為主要相處對象。所以，她對必須獨自生活或追求個人的幸福並沒有什麼心理準備。但是，假如她認清事實、面對現實的話，應該是可以做得到的。

許多寂寞孤獨的人之所以會如此，是因為他們不了解愛和友誼並非是從天而降的禮物。人要想受到他人的歡迎，或被人接納，一定要付出許多努力和代價。要想讓別人喜歡我們，的確需要盡點心力。情愛、友誼或快樂的時光，都不是一紙契約所能規定的。讓我面對現實。無論是丈夫死了，或太太過世，活著的人都有權利再快樂地活下去。但是，他們必須了解：幸福並不是靠別人來布施，也要自己去贏得別人對你的需求和喜愛。

7．看淡金錢

如果說現今的社會大家最需要什麼，保管大多數的聲音是：我要金錢，雖然大家也都知道，金錢並不是萬能的，但大家也更明曉，錢可真是個好東西，沒錢卻是萬萬不能的。於是，大家便八仙過海，各顯神通，都一古腦地拼命向「錢」看了。

古人說，君子生財，取之有道。我們且不管大家到底走了哪一種「生財」之道。在這裡只想玩味幾個問題：

一、在金錢和健康不可兼得的情況下，你選擇什麼？

二、在健康和快樂不可兼得的情況下，你又選擇什麼？

三、在不快樂的富翁和快樂的凡人之間，你又會選擇誰？

相信，只要頭腦清醒的人（大凡被金錢迷住眼睛，鑽進錢眼而一發不可收拾的人除外）都會做出正確的選擇。人們往往都只知道追求財富金錢，追求健康長壽，但卻很少聽說有人追求人生快樂。事實上，追求快樂，才是人生存的終極目標，「寧做快樂的豬，都不做痛苦的人」，言辭雖然誇張，但也正好闡釋折射了人之生存的意義，現在看金錢、健康和快樂，我們便會發現金錢是多麼地微不足道，多麼不值得人生苦苦追求。

但恰恰有一個統計數據表明，人類70％的煩惱都跟金錢有關，「天下熙熙，皆為利往；天下攘攘，皆為利往」嘛，可見，錢對我們來說究竟意謂著什麼？

生活工作的目的絕不僅僅是為了金錢。

金錢永遠都賺取不完，要抱著為社會創造財富的理念而工作。

沒錢的日子要簡樸，有錢的日子更應過得簡樸。

缺少金錢的時候，不奢望用非法的或不正當的手段獲取它；有富餘的時候，不忘資助更需要它的人或事。

8．做個快樂的不倒翁

人生在世，生命苦短，但偏偏有些人浪費很多時間，為那些本來可以很快忘記的小事而煩憂，以至於豐富多采的生活在他那裡就變成了灰色人生。一旦提及他們的不快樂，他們還振振有辭：生活本來就是這樣嘛！聽，他們的解釋似乎還真的不錯，佛說人生而有罪，也就是我們所說的原罪，況且人生不如意事往往十之有七、八。有人統計，人的一生，75％以上的時間在痛苦、煩惱，只有25％的時間在享受快樂。人生的確是痛苦比快樂多。

正因為快樂是如此短暫，我們為什麼不多多地占有享受這25％的時間呢？人生本來苦惱已多，我們為什麼不在這苦惱中尋求快樂呢？讓我們都做一個快樂的不倒翁，而絕不讓生活的瑣碎擋住我們追尋的腳步。

一、不要因為別人的批評而煩惱

渴求讚美，這是人的一種共性。但現實生活中，我們不可能時時讓悅耳的稱讚充斥於耳，更要面對難聽的指責、無情的批評，甚至是惡意的攻擊。而且有些人為達到自己的目的，為抬高自己，樂此不疲，頗有絕招。但有些人就是愛中他人之計，與之較真，與之反抗，甚至使之成為自己的一大精神負擔與壓力。記住古人的一句哲理之言：走自己的路，讓他人去說吧！

二、不要因為一些小事而垂頭喪氣

生活中，很多人往往為一些小事而煩惱。如為一些雞毛蒜皮的小事爭吵，講話侮辱他人，措辭不當，行為粗魯等。他們浪費了很多不可能再補回來的時間，去憂慮一些很快就會被所有人忘記的小事。不要這樣，讓我們把我們的生活用在值得做的行動和感覺上，去想一些應該想的東西，去經歷自己真正的感情，去做必須做的事情。因為生命太短促了，不該再顧及那些小事。

三、不要試圖改變不可避免的事實

人生之路充滿了許多未知未卜的因素，這些因素大致可以分為兩類，一類是可變的，我們可以通過自身的努力，或改變一定的條件而使之轉化；另一類是無法改變的。無論我們付出何種努力，也無法改變這一不可避免的事實。因此，當我們面對後者時，就得認定事實，做出積極樂觀的反應，這才是一種可取的態度。

第7章

路是自己走出來的！

在人的本性中，有一種傾向：
我們把自己想像成什麼樣子，就真的會成為什麼樣子。
一個積極心態者常能心存光明遠景，即使身陷困境，
也能以愉悅和創造性的心態走出困境，走向光明。

1．積極心態的魅力

一、積極心態和消極心態的不同作用

在這一世上，惟一最重要的只有一個人——你自己，在你的身上，時時都隨身攜帶著一個看不見的法寶，這個法寶的一邊裝飾著四個字——積極心態；另一邊也裝飾著四個字——消極心態。

這一看不見的法寶會產生兩種驚人的力量：它既能讓你獲得財富、擁有幸福，健康長壽；也能讓這些東西遠離於你，或剝奪一切使你的生活富有意義的東西。在這兩種力量中，前者——積極心態——可以使你達到人生的頂峰，並且逗留於此，盡享人生的快樂與美好；後者——消極心態——則可使你在整個一生中都處於一種底層的地位，困苦與不幸一直纏身。還有一種情況，當某些人已經到達頂峰的時候，也許會讓後者將他們從頂峰拖滑而下，跌入低谷。

因此，對一個人的生活和事業的成功來說，你的心態真可謂太重要了。如果你保持積極的心態，掌握了自己的思想，並引導它為你明確的生活目標服務的話，你就能享受到下列良好的結果。

1．為你帶來成功環境的成功意識；
2．生理和心理的健康；
3．獨立的經濟；
4．出於愛心而且能表達自我的工作；
5．內心的平靜；
6．沒有恐懼的自信心；
7．長久的友誼；
8．長壽而且各方面都能取得平衡的生活；
9．免於自我設限；
10．了解自己和他人的智慧。

美國的丹尼斯．威特勒在對那些成功的人們包括奧林匹克的運動員、商業界總經理、太空人、政府領導人等進行了多年調查研究之後，也得出結論說：「成功的關鍵是態度。」他說：「在他們和其他人之間有著一條明顯的界線，我稱其為成功的邊緣。這個邊緣並非特別環境或具有高智商的結果，也不是優等教育或超人天賦的產物，更是不靠時來運轉。成功者的關鍵，我已發現了——是態度。」

確實，態度可能是決定你取得成功的能力大小的最重要因素之一。自己犯嘀咕，覺得自己能力不大，成功沒有希望，就不但會失去開發自己能力的欲望，而且會抵消你的精力，降低應付環境的本領，從而失去成功的機會。

為什麼積極的心態會產生如此大的力量呢？其實，積極的心態並不具有一種神奇的魔力，可以無中生有，給失業者變出一個工作，而是一切都有迹可循，最終還得靠我們自己。試想當一個失業工人心中充斥著不滿、怨氣和仇恨時，他怎麼可能盡心盡力地去找工作？倘若他遇到朋友時，仍然怨天尤人，閃爍其辭，你想他的朋友會認為他是個適當的人選而大力向人推薦嗎？所以，要想改變自己的命運，就必須及時調整自己的心態，改變了自己的思考和行為方式。

二、努力培養積極心態

積極心態既然有這麼大的「魔力」，那麼如何才能培養自己的積極心態呢？

下面的方法我們不妨可以借鑒，因為它們都是一些成功人士在他們的生活和事業中所親身經歷過的。

1．切斷和你過去失敗經驗的所有關係，消除你腦海中的那些與積極心態背道而馳的所有不良因素。

2．找出你一生中最希望得到的東西，並立即著手去得到它，借著幫助他人得到同樣好處的方法，去追尋你的目標。

3．確定你需要資源後，便制定如何得到的計畫，然而所定的計畫必須不太過度，也不要不足，別認為自己要求太少，記住，貪婪是使野心家失敗的最主要因素。

4．使你自己了解一點，打倒你的不是挫折，而是你面對挫折時所抱持的心態，訓練自己在每一次不如意的處境中，都能發現與挫折等值的積極一面。

2．沒有自信就沒有贏家

自我們降臨人世不久，父母就開始向我們諄諄教誨：要做一個好孩子，要愛護弟弟妹妹；當我們長大以後，父母和老師又告誡我們：要愛國、愛父母、愛老師、愛他人……他們似乎忘了一點——教會我們去愛自己。

傳統的觀點認為，愛自己無異於一種自私，因此，我們很多人似乎都忘了自己，久而久之，我們就進入了人生的另一誤區——自我否定，你不能相信自己，時時感到自卑，因而極大地影響了自己生活和事業的成功。

在講什麼是自信的人生之前，讓我們先看一則故事：

從前，在非洲，有一個農場主，一心想要發財致富，一天傍晚，一位珠寶商前來借宿。農場主對珠寶商提出了一個藏在他心裡幾十年的問題：「世界上什麼東西最值錢？」珠寶商回答道：「鑽石最值錢！」

農場主又問：「那麼在什麼地方能夠找到鑽石呢？」珠寶商說：「這就難說了。有可能在很遠的地方，也有可能在你我的身邊。我聽說在非洲中部的深山叢林裡就蘊藏著不少的鑽石礦。」

第二天，珠寶商離開了農場，四處收購他的珠寶去了。農場主卻激動得一宿未合眼，並馬上做出一個決定：將農場以低廉的價格賣給一位年輕的農民，就匆匆上路，去尋找遠方的寶藏。

第二年，那位珠寶商又路過農場。晚餐後，年輕的農場主和珠寶商在客廳裡閑聊。突然，珠寶商望著書桌上的一塊石頭兩眼發亮，並鄭重其事地問農民這塊石頭是從哪裡發現的。農民說就在農場的小溪邊發現的，有什麼不好嗎？珠寶商非常驚奇地說這不是一塊普通的石頭，這是一塊天然鑽石！隨後，他們在同樣的地方又發現了一些天然鑽石。後經勘察發現：整個農場的地下蘊藏著一個巨大的鑽石礦。而那位去遠方尋找寶藏的老農場主卻一去不返，聽說他成了一名乞丐，最後跳進尼羅河裡了。

這個故事不論在過去還是在未來，都告訴我們：寶藏不在遠方，就在我們心中，給我們一個充滿強烈自信的原動力。

在人生的旅途上，我們可以停下來，靜靜地想想自己：在整個世界上，我是獨一無二的，沒有任何人會跟我一模一樣。為了實現我的使命，我已從祖祖輩輩的巨大積蓄中繼承了成功所需的一切潛在力量和才能，我的潛力無窮無盡，猶如深埋地下的鑽石礦。

在臭名昭著的奧斯維辛集中營裡，有一位猶太人，身處毒氣、饑餓、嚴寒、疾病等殘酷環境中。有一天他在雪地裡艱難工作時，夕陽斜照在巴伐利亞高大樹林中，他想到了以前他和妻子一起在自家陽臺上觀看同樣景色時的快樂心情。此時，他突然有了一個全新的發現：人在任何環境中，都有選擇自己人生態度的自由。

後來他出獄後成了一名世界聞名的精神學家。所以，影響我們人生成功和幸福的絕不是所處的環境或所受的遭遇，而是我們對這些事保持什麼樣的心態。

和自信相對的便是自卑，正是它擋住了成功的步伐，下面列舉的是日常生活中人們經常容易出現的典型的自我否定行為，先對照一下自己，看你是否如此。

一、回絕別人對你的讚揚。如，「噢，這沒什麼……」或「這並不是我聰明，只是運氣好……」

二、解釋你的漂亮儀表。如「是理髮師手藝好……」或「主要是這衣服給我增色了……」或「可能是綠色挺配我……」

三、當你做出成績時總是歸功於他人。如——「多虧了×××，沒有他，我真是無從下手……」或「這工作都是×××做的，我只不過在旁邊指點了一下……」

四、你不敢走進某家豪華的飯館裡，不去點你想吃的那個菜，並不是因為你吃不起（儘管你也許以此做理由），而是因為你覺得自己不配吃那個菜。

五、不給你自己買東西，因為你總想到應給別人買東西，儘管並不需要這樣做；或不去買自己想要的東西，因為你覺得自己不配。

六、不買自己喜歡的鮮花、禮物等消費品，因為你覺得這是一種浪費。

七、在公共場合，有人對著你叫道：「哎，傻瓜！」你馬上應聲回頭。

八、以貶義綽號自稱，而且也讓他人對此稱呼，如：笨蛋、呆子、老土、怪胎、矮子、胖子或禿子等等，你感到這樣無所謂。

九、你的一位朋友或情人送你一件珍貴禮物，你心存感激之餘，則想：「他一定給別的人也送過如此貴重之禮。」

十、別人說你氣色不錯，而你則認為：「要麼他在胡說八道，要麼是想讓我感到舒心罷了。」

十一、有人請你吃飯或喝酒時，你卻想：「剛開始他會這樣，可一旦發現我到底是一個什麼樣的人時，他還會這樣嗎？」

十二、你與女友約會，她同意了，可你反過來覺得她是為了不傷你的心，才答應你的約會吧……

——上面列舉的大多都是日常生活中常見的事情，你或許認為這些都是些微不足道的小事，但正是這些微小之處，卻妨礙了你積極思維，阻礙了你的成功。

如何才能贏得自信？下面列舉了任何人都容易做到的八大訣竅。有相當多的人已經嘗試過這些訣竅，且表示獲致相當的成效。現在就讓我們看看這些訣竅，相信你也會從中確立對自己的信心，並開始萌生一股新生的力量——

一、在心中描繪一幅希望自己達到的成功藍圖，然後不斷地強化這種印象，使它不致隨著歲月流逝而消褪模糊。此外，相當重要的一點是，切莫設想失敗，亦不可懷疑此藍圖實現的可能性，因為懷疑將會對實行構成危險性的障礙。

二、當你心中出現懷疑本身力量的消極想法時，要驅逐這種想法，必須設法發掘積極的想法，並將它具體說出。

三、為避免在成功過程中構築障礙物，對可能形成障礙的事物最好不理會，忽略它的存在。至於難以忽視的障礙，就下番工夫好好研究，尋求適當的良策，以避免其繼續存在。不過，最好徹底看清困難的實際情況，切勿虛張聲勢，使其看來愈加困難。

四、不要受到他人的影響而試圖傚仿他人。須知惟有自己方能真正擁有自己，任何人都不可能成為另一個自己。

五、每天重複說十次這段強而有力的話：「誰也無法抵擋我們成功。」

六、尋找對你瞭如指掌，且能有效提供忠告的朋友。你必須了解自己自卑感或不安感的所在。雖然這問題往往在少年時期便已發生，但了解它的來源將使你對自己有所認知，並幫助你獲得援救。

七、每天大聲復誦這句話十次：「充實的信仰給了我無窮的力量，凡事都能做。」這句語對於治療自卑感而言可稱得上最有效的良方。

八、正確評估自己的實力，然後多加一成，作為本身能力的彈性範圍。固然，切忌形成本位主義有其必要，但是適度地提高自尊心也是相當重要的事。

3·建立自信心的具體訓練

《自卑與超越》一書告訴我們：只要運用正確的心態和方法，就能戰勝自卑。

一、坐到最前邊

在公共集會場所如教室、禮堂的各種聚會中，你不妨坐到最前邊去。「離成功者越近離成功就越近。」試想一想，當你坐在最後邊時，你更多地看見什麼？黑壓壓的人頭。晃動的人頭會影響你的注意力，你不能聚精會神地聽講或思考。其次，坐在後面的人是缺乏自信心的表現。他們不想「太顯眼」。「不想『太顯眼』」就是內心的自卑。坐到最前面可以戰勝怯懦的自卑，增強自信心。

建議你——

1·把此方法當作你行動的規則，嚴格執行。

2·爭取早到會，占據前排位置，以培養事事在人前的習慣。

二、正視他人

眼睛是心靈的窗戶。你內心的思想活動不經意間已從眼神中溢出。

大膽、勇敢的人，眼睛中流露的是果斷、剛毅；可以正視一切。膽小、怯懦的人，眼神中流露的是猶豫不決與畏縮；不敢正視他人。

不正視他人意謂著：你很自卑；躲避他人的眼神意謂著：你心虛或做了什麼見不得人的事。大膽點，正視他人，用你的眼睛「大聲表明」：你是一個自信的人！

建議你——

1．從現在做起，抓住一切和他人交談或交往的機會，用眼睛正視他。

2．敢於迎接他人的正視。不要覺得尷尬而先敗下陣來。

3．和你的戀人進行正視練習。

三、當眾發言

你有沒有這樣的感覺：當老師提問時，你是否首先想要站起來而結果你沒有那樣做而讓他人去回答？或者集會討論某一問題，主持人要求自由發言時，你想好了要說的話，可你內心一推再推，始終沒有站起來？

如果你有這樣的感覺，你屬怯懦型自卑者。

拿破崙·希爾說：「很多思路敏捷、天資很高的人，卻無法發揮他們的長處參與討論。並不是他們不想參與，而只是因為他們缺少信心。」

這些人常常會對自己許下諾言：等下一次再發言，然而到下一次時，他們心裡又打起了退堂鼓。因為每推脫一次，消極的因素就滋長一些，如此，自信心越來越少，自卑感卻越積越厚。

建議你——

1．爭取每一次發言的機會，並且要主動。

2．爭取做第一個發言者。

3．不要擔心別人譏笑你，說風涼話，如「老是搶頭香」、「好出風頭」等。也不要害怕自己的見解可能十分愚蠢。

四、加快你的步速

心理學家指出：步行速度和姿勢與人的心理、性格有關。身體的動作是心靈活動的結果。心理學家還指出：改變行走的姿勢與速度可以改變心理狀態。

快步行走既能節約你的時間，又能增強你的自信心。快步行走可以培養你雷厲風行、快刀斬亂麻的生活習性。

4．在幸福的眼裡沒有窮人與富人

究竟是誰有能力決定你的未來是幸福還是不幸呢？答案只有一個——你自己。

美國有一位相當具有知名度的電視主持人，有一回邀請某位老人在他的節目中接受訪問。這位老者在節目中所說的話並非預先備妥、也並未事先排演過，但是，由於他的說話內容十分樸實、自然，並適切得當，因此總會使人為之會心一笑，相當受到觀眾們喜愛。當然，這位名主持人也不例外，他也因感染了其中溫馨的氣氛而愉悅不已！

這位主持人禁不住好奇地問這位老人：「你為何會這樣幸福呢？你一定有關於創造幸福的不可思議的祕訣吧！」

「不！不！」老人回答，「根本沒有什麼不可思議的祕訣。這件事就好比每個人的臉上都有一張嘴巴一般，是件非常平凡的事。我只是在每天早晨起床時只做出一個選擇。你們認為我會選擇哪一樣呢？——我只是選擇『幸福』而已！」

這件事乍聽起來，也許單純得令人不敢置信，而這位老人的見解聽來也過於膚淺。但是，卻讓我想起一件重要的事，那就是亞伯拉罕・林肯曾說：「我們如果下定決心要擁有幸福，他就會那麼幸福。」

換言之，如果你希望變為不幸。世界上再也沒有比這個道理更簡單的了。假如你選擇的是不幸，假如告訴你自己，事情進行得不順利，沒有任何令人滿意的事等，如此一來，我肯定你一定會變得「不幸」。

相反地，如果常對自己說：「事情進行得非常順利，生活也相當舒適，我選擇了幸福。」這樣一來，你將得到自己所選擇的幸福，這是確確實實的事。事實上，世界上大多數的不幸多半是由自己造成的。儘管有時社會上的環境因素也必須對於我們的痛苦負起部分責任。但是大部分的不幸卻都是由於我們自己本身的錯誤想法或心態所造成。

某位權威人士曾說：「五個人當中通常便有四個人未能擁有本來應該有的幸福。」他並且說：「不幸往往是心理中最普通的狀態。」我不願強調擁有幸福的人是多麼的稀少，不過，事實上正在過著不幸生活的人，其數字確實遠遠超出人們的想像。

對於任何人而言，「幸福」應該是最基本的欲望之一，然而，「幸福」必須是贏來的。至於贏得的方法，事實上並不困難。凡是想要得到它的人、具有這種意志的人、知道正確方法而切實履行的人，都將能成為幸福的人。

人們之所以會製造自己的不幸，其王要原因多半是由於本身心中存有習慣性的不幸想法所致！例如總是認為一切事情都糟透了，別人擁有非分之財，而我卻沒有得到應得的報酬等等消極的情緒。此外，不幸的想法往往會把一切怨恨、頹喪或憎惡的情緒深深地刻畫在心底，於是，不幸的程度將愈益加深。那麼，究竟我們應當如何做才能避免造成不幸，並創造幸福呢？

一、養成幸福的習慣

一般而言，習慣乃是生活的累積，因此是能夠刻意造成的，因此，人人都掌握有創造幸福的力量。養成幸福的習慣，主要是憑藉思考的力量。首先，你必須擬訂一份有關幸福想法的清單，然後，每天不停地思考這些想法，其間若有不幸的想法進入你的心中，你得立即停止，並將之設法摒除掉，尤其必須以幸福的想法取而代之。此外，在每天早晨下床之前，不妨先在床上舒暢地想著，然後靜靜地把有關幸福的一切想法在腦海中重複思考一遍，同時在腦中描繪出一幅今天可能會遇到所有幸福的事。

二、驅除心中否定的想法

如果幸福與否是由我們的思想所決定的話，趕緊把消沉或失望的思想徹底趕走吧！只要心中如此設想，並下定決心去做，然後，再運用以下我將要介紹的這項技巧，即可輕易地達到你的目的。

三、你完全可以選擇幸福

亞柏拉罕・林肯曾經說過，「我一直認為：如果一個人決心想獲得某種幸福，那麼他就能得到這種幸福。」

人與人之間本只有很小的差異，但這種很小的差異卻往往造成了巨大的差異！很小的差異就是所採取的心態是積極的還是消極的，巨大的差異就是幸福或者不幸。

想獲得幸福的人應採取積極的心態，這樣，幸福就會被吸引到他們的身邊。那些態度消極的人不會吸引幸福，只能排斥幸福。

那麼我們要如何避免妨礙幸福所犯的錯誤呢？

1・不要嘮叨不休——如果你是一位女性，尤其應該對此引起重視，因為你們更易犯下這一錯誤。而且這一弱點危害甚重，直接影響或危及你的家庭幸福。歷史上很多偉人之所以生活不幸福與其家庭不無相關，而且他們都有一位喜歡嘮叨的妻子！所以，如果你想讓自己獲得幸福，也讓他人幸福，那就從現在開始——不要再嘮叨了！

2・不要試圖改造對方——我們每個人都是一個相對獨立的個體，「我」就是「我」，「我」令他人難以改變。為什麼很多年輕人在戀愛期相處得那麼和諧而甜蜜？

因為在每一方看來，對方的一切都是那麼富有個性。而一旦組成家庭，他們往往不知不覺地要求對方以自己為中心，用自己的標準來要求、衡量和約束對方。日子一長，雙方就開始出現矛盾，有的甚至矛盾升級，最終造成家庭的破裂。我們每個人都只能試圖改造自己，你不可能去改造對方，不管他和你處於一種什麼關係，你可能會影響他人，但你絕對改造不了對方！

記住：不要妄想改造你的配偶。

3．別總是喜歡批評對方——正如嘮叨是影響婚姻和家庭幸福的礁石一樣，批評——無用而令人心痒的批評也是婚姻幸福的敵手。不要時時處處批評對方，這樣改變不了對方。可有些人不僅在家庭內部，而且在朋友和熟人面前，也念念不忘地批評和指責自己的伴侶。這種批評不僅改變不了對方的缺點和錯誤，反而傷害了雙方的感情。如果對方確實有錯，那就委婉地提出，真誠地幫助，甚至以情感的力量去感化對方，相信對方一定會在意你所付出的一切。

記住：不要批評你的丈夫或妻子

4．尊重對方——人人都渴望自己在他人心目中占有重要的地位，人人都喜歡得到他人的欣賞，因此，要想得到對方的喜歡，那就從滿足對方的這種心理需求開始——真誠地欣賞對方。在家庭生活中也是如此，你應該讓你的妻子或丈夫知道，你確實很欣賞她（他）。這就是保持家庭生活幸福、增進雙方感情的最有效方法。

5．要注重細節——其實，生活大多是由一件件細小的事情組成，但很多人就是不大注重這些小事，因為他們覺得這些事情太小，不屑一提，而且自己也無暇顧及這些小事。孰知現實生活中的許多問題就是因為這些小事而釀成，如忘了給妻子買生日禮物、旅途出差忘了給家裡打電話、接到他人的來信忘了回覆等。一般看來，這些事情雖小，但如果積累太多，也會釀成大事。

比如，鮮花被認為是愛情的語言，但你為什麼非要等夫人進了醫院才送幾朵花？還有打電話，每天通一次電話就很重要，你認為每天都得給她新聞嗎？不，這種小關注只是給她一個信息：你想念她，她的快樂及幸福對你極寶貴而且密切。

女人對生日和紀念日很重視，千萬不可忘記那些特殊的目子。

記住：切莫小看那些細節

6．注意應有的禮節——很多男女在結婚之前十分注重自己的修養與禮貌，因為他們要給對方留下一個好的印象。可是婚後他們似乎就變了，變得讓對方感到陌生，感到難以接受。夫妻間相敬如賓，這對婚後的生活極為重要，禮貌是婚姻幸福的一種添加劑。那種張口就罵、動輒出手的家庭很難獲得安寧而幸福的生活。

7．善於與女性相處——有些男人很會處理自己的工作，也很善於與自己的哥兒們相處，但他們似乎從沒有學會一點——如何與女性相處，當他們遇到女同事時，不知如何講話，如何交往，甚至在家庭裡，他們不懂得如何與自己的妻子相處。如果你也屬於這種男人，那就看看專家為您提供的與女性相處的七大法則——

一、感謝她、稱讚她。二、要慷慨、關心。三、不要不修邊幅。四、了解她的工作。五、做她的後盾。六、分享她的嗜好。七、愛你的另一半。

——女性與男性相處的情形也是同樣的。

5．成功取決於自我

你一定聽過——「自討苦吃」、「自找麻煩」、「搬起石頭砸自己的腳」、「自作孽，不可活」等等諸如此類的話，這些都是在描述一個人因為自己所犯的錯誤，結果把自己逼往失敗的境地。

仔細想想，包括我們在內的每一個人，一不小心好像難免都會犯以上的錯誤，只不過是程序嚴重與否的問題。無怪乎有句話形容：「自己才是自己最大的敵人。」因為我們總是不斷地用各種方法「迫害」自己。

心理學家分析指出，其實，在我們每一個人的內心深處，多少都隱藏了一些「自毀」的傾向，這種內在情緒的衝動常常會驅使一個人做出危及自己的行為。譬如，有人整天絮絮叨叨，看什麼事都不順眼，動不動就抱怨這個抱怨那個，好像所有的人都做了對不起他的事；還有的人，生活漫無目標，整日無所事事，只會嫉妒別人的成就，自怨自艾為什麼好運永遠不會落在他的頭上。

此外，還有的人嗜酒如命、沉於賭博、好財成性、飲食不知節制、消費成癖、縱情聲色等等，這些都稱得上是自毀行為。

我們常常把失敗的原因歸咎於別人，其實很多問題都是出在自己身上，很多麻煩都是自找的。每一個人在先天性格上都有一些缺陷，只是我們不願承認失敗是出於自己的缺點，這種「不願當輸家」的防衛心理很容易讓人理解。但如果我們對自己的缺點渾然不覺或者不知反省，結果就會把自己一步一步推向輸家的角色。

美國心理學家安德魯・J・杜柏林就提出警告，如果你出現了下列症狀，而且病況嚴重，你就注定要成為輸家。

1・自欺欺人——這種人只知道活在過去，死抱著以前做事、生活的方式不放，而沒有心思注意眼前的事實。

2・不斷地仰賴別人的掌聲或讚許才能生存，以克服內心深處的自卑感。

3・馬失前蹄——在壓力愈大的時候，表現愈不理想，變得非常緊張，放不開。

4．虎頭蛇尾——做任何事從來不堅持到底，也不夠專注，總是找藉口減輕責任。

5．輕諾背信——動不動就撒手走人，留下一堆爛攤子讓別人收拾殘局。

6．單打獨鬥——好做獨行俠，一碰上團隊合作就束手無策，心生抗拒。

7．嫉妒心重——見不得別人比自己好，動不動就吃醋。

8．自制力差——按捺不住內心的衝動，而且老是故態復萌。

9．逃避問題——習慣當鴕鳥，不論任何大小問題，一概視若無睹，埋頭不理。

10．渴望被別人喜愛，而且不計代價地處處討好別人。

11．恩將仇報——對有恩於你的人不知感激，甚至反咬對方一口。

12．不懂感恩——對任何事物都認為理所當然，不懂得感恩。

「生命的腳本，可由演出者的主觀意志加以改變。」杜柏林認為，每個人天生的性格固然會影響他的行為模式，但即使你的輸家腳本是與生俱來的，你也可以決定不再依賴這種腳本過日子。問題是，你願不願意正視你的缺陷，改變你的自毀行為。

想要不再與自己為敵，並且停止迫害自己，就要找出和解的方法。當然，你要革除多年的自毀習慣，絕非一朝一夕之功，必須持之以恆地努力。

重要的是，當你一點一滴慢慢鏟除這些障礙的時候，你就會發現：你已經不再是自己最大的敵人，而是你最好的朋友。

6．成功還是可以走捷徑

每個人的成功之路都不一樣，有長有短，有曲有直。比如說，有的人成功是因為背後有個靠山，有的人是因為抓住了機遇，有的人是因為有超人的才幹，但也有人是從基層一步一步地靠自己苦幹實幹地爬上來……

面對自己的現實，遙望未來之路，你是否在成功之路上無以邁步、迷惑不解？當你陷入這種境界時，不妨看看周圍的那些人，他們是如何邁向成功之道的？或者學習一下那些偉人，從他們身上能得到哪些啟示？研究一下他人的成功模式，然後看看自己是否能夠借用。順著他人走出來的路去走，畢竟比自己獨闢蹊徑要容易得多。

也許你會問，套用別人的成功模式就能成功嗎？如果這樣，那成功不是太容易了嗎？每個人都等著他人成功，然後在背後等著去學不就可以了嗎？當然事實並非如此簡單，因為一個人的成功還受很多因素的影響，如個人條件、努力的程度和機運等，並不是套用別人的成功模式一定可以成功，但至少別人的成功模式可以給你提供一種選擇和借鑒，給你指引一種方向，這比你茫然無措，不知何去何從要好得多！

生活中的成功人士如此之多，那到底如何做出選擇呢？我們怎樣才能找到他人的成功模式呢？

首先，你要確定一位你認為成功的目標人物，這位目標人物也許是你的朋友、親戚、長輩、同事，也許是有名望的社會人士，或者是傳記裡的成功人物。你可以向他們請教地們的成功之道。一般來說，很多人都好談成功而忌談失敗，所以他們會不吝惜地告訴你他們的經驗，至於社會人士的成功之道則可以從電視、報章雜誌上得知，傳記人物的故事在書中也講得很清楚。別人的成功模式可套用在你自己身上，但有幾種「模式」是你必須排除的，絕對不可「套用」。

因機運而成功的人——他有機運，你可不一定也有那麼好的機運；而且機運是不可等待的，坐等機運，絕無成功的可能。

因家庭背景而成功的人——例如，有一位「偉大」的父親或龐大的產業。這種人取得成功比一般人省力許多。你若無此條件，則這種人的成功是不值得學習的。

因配偶的才幹或金錢而成功的人——因為你不一定也會有個能幹或有錢的配偶，這種配偶是只能想而不能期待的！

因某人提拔而成功的人——因為你不一定也會碰到願意提拔你的人！

因不走正道而成功的人——不走正道危險性很高，這種險不能冒，也不值得冒！

那麼，你該選用什麼樣的「成功模式」呢？應該選擇靠自己努力而成功的「成功模式」，而且這個人最好是和你同行，所處的環境、個人條件和你接近！你可以從以下幾個方面來歸納他人的成功模式：

他是如何踏出第一步、第二步、第三步的？

他是如何累積自己的實力的？他如何突破困局，超越自己？

他如何保持自己的人際關係？他在怎樣規劃自己一生的事業？

當你一條條地歸納之後，可以照著去做，也可以只借鑒其中的某些方法，或是根據他的模式來正確引導你的成功之路。

不過，「成功模式」再好，關鍵還在於一點——馬上實施！你若不當一回事，則這種模式就不能發揮效用。縱觀他人的成功模式，你會發現其中的規律，他們大都是靠著「努力」二字。肯努力，就會有實力！有實力就會帶來好機會，不信你就試試！

7．人人都可以賺大錢嗎？

不論是誰，不管你的年齡、教育程度、職業如何，你都既能吸引財富，也能排斥財富，說實話，你想致富嗎？如果想，那就讓我們一塊學習吧！

吸引財富的方式首先是要抽些時間來思考。

精心安排一段思考時間給自己，是吸引財富最重要的方式。你應該養成抽時間從事思考研究，然後再訂出有具體的計畫的賺錢習慣。

你的一天有一四四〇分鐘，將這個時間的一%——僅僅十四分鐘——用於學習、思考和計劃，並養成這個習慣，你就會驚奇地發現，無論任何時候、任何地方，洗滌碗碟時、騎自行車時或洗澡時，你都可獲得建設性的主意。當然，你一定要使用人類豐經發明的最偉大而又最簡單的勞動工具——被愛迪生那樣的天才所應用的工具——一支鉛筆和一張紙。這樣，你就可以像他那樣記錄隨時來到你心中的靈感。其次，便是樹立你的目標，這對吸引財富同樣重要。吸引財富的另一個必要條件就是學習如何樹立你的目標。了解這一點很重要。不少人即使認識到樹立目標的重要性，但卻不知道如何樹立目標。要牢記以下四件重要的事項：

1．寫下你的目標——當你書寫時，你的思惟活動會自然地使目標在你的記憶中產生一種不可磨滅的印象。

2．給自己確定時限，制定實現目標時間——這是在激勵你不斷地向目標邁進。

3．把你的目標訂得高一些——達到目標的難易程度與你付出的努力之間似乎有著直接的關係。一般說來，你把主要目標訂得愈高，你的努力也就要愈集中。

4．胸懷壯志——樹立更高的人生目標，不斷地向自己提出更高的要求。因為很明顯的事實是，更高的目標將激勵人們奮起戰鬥。此外，你若能給你的目標規劃制訂出詳細的藍圖，那就更好了。

最後，當你確立了明確的目標以後，重要的事就是採取行動。你必須果敢地邁出第一步，然後一步一步走下去。否則，不論你花多少時間思考和學習，都不會有所收獲。

怎樣提高賺錢的素質？不是人人都能賺錢，賺錢人有賺錢人的素質，只有你具備了這些素質，你才是一個會賺錢的人。

一、贏得他人對你的良好評價

如果你只是從事你分內的工作，那麼你將無法贏得人們對你的有利評價。但是當你願意從事超過你報酬價值的工作時，你的行動將會促使與你的工作有關的所有人對你做出良好的評價，而且還將進一步建立起你的良好聲譽。這種良好的聲譽，將給你帶來更多的報酬。因此建議你：

1•做到「吃小虧占大便宜」。

2•心地寬闊，要有遠見，不可斤斤計較和短視。

二、做個樂觀豪爽的人

樂觀、豪爽之人，不論做生意成功與否，臉上始終掛著笑容，走路精神有力，不怨天尤人，不長吁短嘆。這樣的人富有感召力，人們願意與他合作；反之，人們則敬而遠之。現在來檢測你是否為樂觀、豪爽之人：

(1)你成績沒考好時——a.垂頭喪氣，沒有任何精神。b.大罵老師，說老師不公平。c.一笑了之。d.查找原因，爭取下次考好。

(2)在公共汽車上，你無意踩了別人一腳，別人對你罵個不停時——a.與他對罵，不惜大吵一架。b.推說別人擠了自己才踩到他的，不應該怪罪自己。c.只當沒聽見，任他去罵。d.說自己不小心，請他原諒。

(3)在聚餐會上，如果你與多數同桌素不相識時——a.顯得不自在，左顧右盼。b.靜聽別人的談話。c.只與相識的人悄悄談論。d.神態自如地參與大家的談論。

(4)發現自己的錢包不翼而飛時——a.神情沮喪，見人就說「唉……」b.時刻在嘴上掛念著，抱怨自己。c.大罵世風低下、敗壞。d.笑一笑說：「破財消災」。

(5)受到別人的批評時——a.老羞成怒，或心裡暗罵。b.保持沉默，過後就忘。c.為自己辯解。d.分析自己錯在哪裡，並虛心接受。

⑹與朋友共進午餐後——a.老想著讓朋友出錢。b.實行各付各的。c.做出搶著付錢的假象。d.堅持非自己出不可。

⑺當朋友或他人處於困難中時——a.視而不見。b.只口頭表示同情。c.幸災樂禍。d.傾全力相助。

⑻闖紅燈或違規駕駛而遭罰款時——a.大罵警察專找麻煩。b.自認倒楣。c.為自己辯解說是第一次。d.微笑著對警察說對不起。

〔評分與估算〕

如果你選擇D的頻率越高，越說明你是樂觀、豪爽之人；

如果你選擇A的頻率較高，那你可就得好好鍛鍊鍛鍊，使自己成熟、樂觀起來；

如果你選擇B、C的頻率較高，則說明介於外向與內向之間。

要想改變你拖沓、消極的言行，你必須做到：⑴強迫自己走路打起精神，上下班向同事們打招呼問好，每天都堅持。⑵強迫自己在一些聚會場合講風趣幽默的小故事，用快樂感染周圍人。要知道，保持活力有助於你成功。

三、保持旺盛的精力和上進心

一個人只有精力充沛，才能對所從事的事業鍥而不舍。健康的身體是成功的本錢，因為身體不佳，對於自己，對於世界都會失去希望。

四、保持永遠的合作關係

合作才能走向成功。永遠的合作，才能帶來永遠的利益。有些人在還沒有賺錢之時，往往信誓旦旦：「等我賺了錢，我一定拿出一部分與大家分享。」或心底裡想：「賺了錢後，我一定好好回報他們。」可是一旦錢賺到手，說法與想法全變了。請你記住：貪心將會導致眾叛親離。

如何養成節儉的習慣？節儉是任何一個成功者都應具備的素質。越是富有的人，越不會鋪張浪費；而錢少的人則往往喜歡打腫臉充胖子。節儉是一種美德，更是一種有效的賺錢方式。真正的成功者往往節儉，他們把省下來的錢存入銀行獲息或者再投資擴大周轉獲取更大的利潤。別忘了富蘭克林的忠告：錢會生錢！如何才能做到節儉？

1．戒除消費、擺闊的惡習——當有擺闊和鋪張消費的想法和行為時，不妨思考以下幾個問題：

(1) 你是不是真的很有錢？能和A．卡耐基、洛克菲勒比嗎？

(2) 你這錢是怎麼來的？是憑辛勤的勞動所得，還是不義之財？

(3)能不能節省下鋪張浪費之錢，幫助需要你幫助之人，或從事更有益的事？

永遠記住：好的意念和想法可以遏制荒誕和邪惡之舉。

2．養成存錢的習慣——每月或每週堅持存錢可以幫助你養成節儉的習慣。一種習慣一旦在腦海中固定下來，這個習慣就會自動驅使一個人採取行動。存錢不僅把你所賺的錢有系統地保存下來，也將使你走上有更大機會的路，並將增強你的觀察力、自信心、想像力、進取心及領導才能。存錢可以真正增加你的賺錢能力。

8．成功的策略

人生在世，都希望事業有成，都希望理想實現，願望達成，都有追求卓越的傾向。但在事實上，有些人成功了，願望達到了，實現了自我；而有些人雖學富五車，才高八斗，卻終身埋沒，一無所成。究其原因，關鍵在於是否掌握了脫穎而出的策略。掌握了脫穎而出的策略，則可成功；反之，則不能成功。由此可見脫穎而出策略對於人生與事業成功的重要。經過研究和思考，提出十個方面脫穎而出的策略——

一、建立合理目標

人要獲得成功，首先要有奮鬥的目標，目標像海上的燈塔，它對人的行為具有導向激勵作用。但是目標的確立要合理。所謂合理，就是通過有效地發揮個人因素和環境因素的作用而可以實現的目標。環境因素如物質環境、人文環境和社會制度等，個人因素如個人的能力、性格、才智、學識、財富、社會角色等。目標過高，難以實現，造成心理上的挫折感和失敗情緒，無助於成功；目標太低，不須努力即可實現，不能激起人的奮鬥熱情和奮鬥行為，也無助於獲得大的成功。一般來說，人們在確立大目標之後，要對之進行分析，建立一個目標系統，並做好時間上的有計畫安排，這樣通過具體目標不斷完成，不斷將成功的喜悅轉化為行為的動力。

二、憑藉實力勝人

要脫穎而出，首先面臨的就是同級之間的競爭問題或者衝破上司的壓制，這就需要不斷地充實自己，提高自己，發展自己具備足夠的知識實力、思想實力，人際實力和業績實力，用事實反駁別人，保護自己。為提高實力，有時需要耐得住寂寞，棄近憂圖遠謀，忍小辱圖大利，隱蔽自己，韜光養晦，待到時機成熟之時，一鳴驚人，脫穎而出。

反之，如果耐不住寂寞，或為蠅頭小利、區區瑣事，爭來鬥去，將寶貴的時間浪費於無益之爭，不但不能充實自己，還將一無所獲。需要注意的是憑藉實力勝人，是一種正大光明、公平競爭策略。切忌為了自己出頭就設法壓制別人或拖拽別人，限制別人進步，進而採取打擊、陷害、造謠、中傷等卑鄙手段。

三、優化自我形象

自我形象是一個內涵相當豐富的概念。它包括政治形象、業務形象、道德形象、外貌形象等，而每一種形象又包含著豐富的內容。只有將這諸種形象統一起來，有機結合，才能塑造出優秀的自我形象。

優秀的自我形象，能贏得他人的信賴、支持，贏得上級的賞識，還能使自己保持滿意與自信的心態，因而為自己創造脫穎而出的有利條件。

優化自我形象的方法有很多，茲列舉如下：工作盡力，精益求精，給人以負責的形象；控制情緒，深沉穩健，給人以成熟的形象；辦事俐落，不拖不延，給人以幹練的形象；言而有信，說到做到，給人以信賴的形象；待人以禮，不恥下問，給人以謙和的形象；衣服整潔，髮式成型，給人以清爽與美的形象；詼諧幽默，表情豐富，給人以達觀的形象；精神飽滿，步伐矯健，給人以健康的形象；博覽群書，勤思善斷，給人以智慧的形象等等。這些方法，並不存在重要與不重要之分，而是同等重要。

四、恰當表達自己

美玉藏之深山，人不知其美；黃金埋於地下，人難識其貴；優秀的人才如果深藏不透，人們就不能看到他存在的價值。所以，作為人才，要善於推銷自己或表達自己。所謂推銷自己，主要是指在求職或從商活動中；而表達自己，則是指在組織群眾內部的公平競爭與人際交往之中。但是要如何表達自己呢？

西方心理學家李雷（T. F. Leary）概括出人際關係行為的八種模式：由管理、指揮、指導、勸告、教育等行為，導致尊重和服從的反應；由幫助、同情和支持等行為，導致信任和接受的反應；由合作、同意、友好等行為，導致協助和溫和的反應；由尊敬、信任、讚揚、請求幫助行為，導致勸導和幫助的反應；由害羞、禮貌、服從等行，導致驕傲、控制等反應；由反抗、疲倦、懷疑、異樣等行為，導致懲罰或拒絕的反應；由攻擊、懲罰、不友好等行為，導致敵對和反抗等反應；由激烈、拒絕、誇大、炫耀等行為，導致不信任和自卑等的反應。所以，如何表達自己，要根據表達自己的才能、學識、智慧和人格之美，進而創造脫穎而出的機會。

五、開拓「無人區域」

所謂「無人區域」，即是被人忽略的區域或無人踏足的區域。開拓「無人區域」，容易獲得新的成果，做出他人意想不到的業績，因而有助於脫穎而出。如果總是掙扎於人集如山的區域，或跟在別人的後面，亦步亦趨，不但難以有所報告，有所發現，而且遺浪費時間、財力和生命。如在科學研究中，許多學科與學科之間的交叉地帶，成了無人踏足的區域，而在這些領域中開掘，很容易取得重大的成果，助人脫穎而出。

還有一些是生活中常見的但被人普遍忽視的現象，往往隱藏著深刻的真理，注意開掘，可創奇蹟。如教堂上吊燈的擺動，浴盆中的水，樹上的蘋果等，都是一些不受注意的現象，但伽利略從吊燈的擺動中發現了等時性定律，阿基米德在浴盆中發現了浮力定律，牛頓從蘋果落地發現了萬有引力定律。

還有一些「無人區域」多是艱苦區域或危險區域，因此，敢於在這些區域開拓的人，極可能創造奇蹟，脫穎而出。從事科學研究是如此，從事商業、實業、政治活動也是如此，即開拓「無人區域」有助脫穎而出。但是，開拓「無人區域」：一、要有敏銳的洞察力，善於發現「無人區域」隱含的價值；二、要有創造和冒險精神；三、要有堅忍不拔的毅力，百折不撓，愈挫愈勇。

六、時刻捕捉機遇

機遇的到來，從不分時間、地域或職業，時時有機遇。處處有機遇，事事有機遇。所以，期望脫穎而出的人，不僅要時時創造機遇，還要注意時刻捕捉機遇。對於人生來說，每時每刻都面臨著選擇，每時每刻都存在著機遇，只是機遇的種類和性質不同罷了。正如徐特立先生所言：「遍地是黃金，只要明眼人。」古希臘蘇格拉底也說：「最有希望成功者，並不是才幹出眾的人，而是那些最善於利用每一時機去發掘開拓的人。」總之，針對機遇，一要警覺，二要善於識別，當機會到來時，立即抓住不放，便可脫穎而出。

七、善於揚長避短

「尺有所長，寸有所短」，人亦如此。明代張居正說：「事無全利，亦無全害；人有所長，亦有所短。」所以，人要善於正確地認識自己，既要看到自己的優點，也要看到自己的不足，在此基礎上，肯定自我，充分發揮自己的長處；既不能以別人的長處否定自己，更不能以自己的短處與別人的長處對抗，否則，將始終落於人後，長期下去將形成失敗情緒和自卑情緒，最終一事無成。

所以正確的做法應當是像田徑賽馬那樣，以自己的優勢戰勝競爭對手，爭取脫穎而出。「駿馬能歷險，犁田不如牛。堅車能載重，渡河不如舟。捨長以求短，智者難為謀。生材貴適用，慎勿多苛求。」此言頗恰切。

八、巧用他人智慧

古語：「智者千慮必有一失，愚者千慮必有一得。」所以古人強調集思廣益，勤學好問，以便借用他人智慧。《詩經》亦說：「他山之石，可以攻玉。」陳壽在《三國志》中亦說：「能用眾力，則無敵於天下矣；能用眾智，則無畏於聖人也。」

這些言論都強調了借鑒他人智慧的重要性。如何借鑒他人智慧，途徑有很多：

1．多讀一些成功者的傳記，從而借鑒成功者的智慧和經驗，亦即所謂的「站在巨人肩上前進」。

2．多讀一些成功學或成功心理學著作，用科學的思想和方法指導自己的行為。

3．遇事多向周圍人請教，一則可以徵得正確觀點，二則可以得到啟發。

4．在群眾開會討論問題時不要急於發表觀點，先仔細傾聽他人的發言，分辨正誤，吸取他人的正確見解，摒棄他人的錯誤之見，等到大多數人發言完畢之後，再表達自己的思想觀點。這樣，與他人相比，自己的觀點不僅最正確，而且具有定論的性質，這樣的發言，當然也就最能服眾，巧用他人智慧也就「巧」在這裡。

九、加強越級交往

英國著名歷史學家、社會學家諾斯古德・帕金森於一九五八年提出了一個「帕金森定律」。這一定律認為：每一個管理人員都喜歡增加下屬，但不願意增加競爭，所以，他在選擇下屬時必然先取不如自己的人，以免造成職位上的競爭。在工作中，他總是把自己的工作劃做兩份分給兩個比自己能力低的助手，自己高高在上，掌握全局，同時兩個助手又互相牽制，不能成為自己的競爭對手。兩個低水平的助手又如法炮製，也各自為自己找兩個能力更低的助手。如此層層發展，一流的找二流的做下級，二流的找三流的當部屬，精英之才被壓制埋沒，平庸之輩卻步步高升。

近年來，老聽到碩士、博士畢業了卻找不到工作，也是這個原因所致。所以，要想脫穎而出，首先就要衝破頂頭上司所設置的蛛網。而要衝破這一蛛網，就要加強越級交往，即越過自己的上司，與更高層的管理人員加強聯繫與交流，表現你的才幹與忠誠。這樣，一方面可以遏制頂頭上司對你的限制，另一方面可以使高層主管了解你，並為你提供發展的機會。所以說，加強越級交往，有助於自己脫穎而出。

十、成功就是修養

嫉妒是人類中普遍存在的一種通病，只要形象、容貌、才智、能力、地位、權力、財富等任一方面超過別人，都會引起別人的嫉妒。

鑒於此，一個有才能而意欲脫穎而出的人，首先要善於識別他人的嫉妒，其次要善於防止或平息他人的嫉妒。識別嫉妒的方法就是觀察、觀察，再觀察。

防止和平息嫉妒的方法有三：(1)與好嫉妒的人打交道時，態度謙和適當隱蔽自己的才能，並在言談話語中突出對方的才能；(2)與好嫉妒的人建立良好的人際關係，對他表示友好、熱情，軟化其嫉妒心理；(3)借用他人之口對嚴重的嫉妒心理所引起的造謠中傷、惡毒攻擊予以反擊，給以澄清。

一個人如能有效運用上述策略，又能及時地「因時順勢而動」，如此就能向成功跨出了一大步，成功除了策略之外，其實是一種對人生各方面的修養，不管是婚姻、家庭、以及在工作崗位上，每天往好的方向修煉，積極就是一種力量！

〈全書終〉

國家圖書館出版品預行編目資料

態度決定高度／林蒼井 著 -- 二版 -- -- 新北市：
新潮社文化事業有限公司，2022. 01
冊； 公分
ISBN 978-986-316-814-0（平裝）
1. 自我實現 2. 生活指導

177.2 110017791

態度決定高度

作　者 林蒼井
企　劃 天蠍座文創製作
出　版 新潮社文化事業有限公司
出 版 人 翁天培
電話 02-8666-5711
傳真 02-8666-5833
E-mail：service@xcsbook.com.tw

印前作業 東豪印刷事業有限公司
印刷作業 福霖印刷有限公司

總 經 銷 創智文化有限公司
新北市土城區忠承路 89 號 6F（永寧科技園區）
電話 02-2268-3489
傳真 02-2269-6560

二　版 2022 年 01 月